PRINCIPALES

GUÉRISONS

OBTENUES

PAR LES MALADES

DU PÈLERINAGE LORRAIN

A LOURDES

EN 1881

SAINT-DIÉ. — TYPOGRAPHIE ET LITHOGRAPHIE L. HUMBERT.

PRINCIPALES

GUÉRISONS

OBTENUES

PAR LES MALADES

DU PÈLERINAGE LORRAIN

A LOURDES

EN 1881

SAINT-DIÉ. — TYPOGRAPHIE ET LITHOGRAPHIE L. HUMBERT.

A NOS PÈLERINS

Un dernier vœu a été exprimé par les pèlerins de la Lorraine, à leur retour : celui de recevoir, cette année encore, lorsque le moment en serait venu, un récit détaillé des guérisons principales obtenues par les malades de leur groupe.

Si la curiosité seule eût été l'inspiratrice de ce vœu, peut-être ne serait-il pas bien à-propos de vouloir lui donner satisfaction. Mais, il avait une origine meilleure. Ce qui l'inspirait, à n'en point douter, c'étaient les mêmes sentiments de piété, de charité, de zèle qui avaient été l'âme de tout le pèlerinage ; le désir de rendre à l'auguste Mère de Dieu les actions de grâces convenables ; le besoin de prendre part à la joie de ceux des pèlerins qui ont à se réjouir, comme de s'associer aux prières de ceux qui ont encore à demander, et enfin l'espoir de fournir aux indifférents du dehors une matière à quelques réflexions salutaires.

Aussi, les heureux privilégiés de Notre-Dame de Lourdes ont-ils pensé qu'il était de leur devoir de répondre à un vœu si louable ; et à l'envi, ils se sont empressés de nous faire eux-mêmes, pour la gloire de leur bonne Mère comme pour l'édification de leurs frères, le récit fidèle des faveurs dont ils se sentent redevables aux prières de tous, sûrs de concourir par là, tant à faire revivre, étendre et affermir les fruits du pèlerinage, qu'à aider la pleine réalisation des desseins de leur céleste Bienfaitrice.

Les desseins de Notre-Dame de Lourdes !

Autant il importe de les seconder, autant il est nécessaire de se les remettre sous les yeux et de ne pas les perdre de vue !

Qu'a donc voulu la Mère de Dieu, en apparaissant un si grand nombre de fois à cette Grotte bénie ? Que veut-elle encore en y attirant, pour les guérir, des malades de tous les pays, et pour être témoins de ces guérisons, des foules sans cesse renouvelées de personnes de toutes sortes, croyants et incroyants, savants et ignorants ?

Ce qu'elle a voulu de tout temps, et ce à quoi elle ne cesse de travailler depuis le jour où elle est devenue notre Mère.

Convertir les pécheurs, nous ramener tous à son Fils, notre divin Sauveur, afin de pouvoir nous conduire tous aussi un jour auprès de Lui avec Elle ; et, à cette fin, faire revivre parmi nous l'habitude de la prière, les pratiques de pénitence, l'usage des Sacrements.

« Que faut-il faire, » Lui avait demandé Bernadette, l'humble confidente de ses pensées, lorsqu'elle La vit reporter sur elle, tout imprégné de douleur, son regard qui avait paru un instant parcourir d'abord toute la terre ?

« Prier pour les pécheurs ; » répondit Marie. — « Pénitence ! Pénitence ! Pénitence ! » s'écria-t-elle une autre fois en faisant signe à l'enfant, qui répéta ces mots tout haut devant la foule, de monter à genoux jusqu'au fond de la Grotte. Et enfin, « Allez boire et vous laver à la Fontaine, » dit-elle à l'obéissante messagère, en lui montrant de la main le lieu où devait jaillir cette Fontaine, et qui était le pied du rocher sur lequel elle avait demandé que les prêtres lui bâtissent une chapelle. C'est-à-dire, « allez puiser aux sources jaillies du côté du Sauveur, le vrai rocher vivant sur lequel Dieu continue, par le ministère sacerdotal, de bâtir son Eglise; allez puiser dans les Sacrements les eaux de la grâce, qui seules peuvent ôter vos souillures, guérir vos âmes, étancher votre soif de paix et de bonheur. »

Tels sont donc bien réellement les desseins de Marie à Lourdes : y susciter une grande croisade de prières et de pénitences pour obtenir le salut des pécheurs en les ramenant au saint Tribunal et à la sainte Table; faire servir à ce but suprême tout le reste, soit ce qu'elle demande à ses enfants fidèles, les pèlerinages et les processions, soit ce qu'elle leur accorde, les guérisons corporelles et les joies de l'âme.

Avec quelle merveilleuse efficacité les pèlerinages et les guérisons de Lourdes, les guérisons surtout, réalisent chaque jour les miséricordieux desseins de la Mère des pécheurs; quel saint élan ils impriment pour la prière et pour la pénitence; que de retours vers Dieu ils préparent ou achèvent, en public et en secret; quelle vivacité ils donnent à la Foi des croyants; quelle soif nouvelle ils font naître en eux pour la divine Eucharistie, c'est ce que peuvent témoigner tous nos pèlerins. Ils n'ont pas tout vu; même ce qui leur a échappé est nécessairement ce qu'il y a de plus héroïque en tout genre. Ils ignorent, par exemple, que tel et tel, parmi leurs malades et garde-malades, pour répondre aux invitations de N.-D. de Lourdes, ont voulu jeûner tout le temps du pèlerinage, au pain et à l'eau; que plusieurs n'ont pas interrompu leurs chapelets, ni le jour ni la nuit; que d'autres, des hommes du monde, des jeunes gens, sont revenus avec une faim de la sainte Communion qu'ils disent ne pouvoir rassasier; que de vocations nombreuses ont été décidées. Mais tous savent et tous répètent qu'ils ont prié à Lourdes, à l'école de la Vierge Immaculée, à la suite de Bernadette, comme on ne prie nulle part ailleurs; qu'ils ont éprouvé là pour toutes les œuvres de pénitence un attrait inconnu ; et qu'avec le goût de la prière pénitente leur est venu le goût de la divine Eucharistie, avec le désir d'une vie plus chrétienne.

Et comment en serait-il autrement ! lorsque les guérisons qui se succédaient sous leurs yeux, en leur montrant de la manière la plus sensible que c'est bien Marie elle-même, l'Auguste Mère de Dieu, qui est venue nous demander de prier et de faire pénitence pour les pécheurs, leur faisaient comme toucher du doigt en même temps l'efficacité souveraine, infaillible, souvent instantanée, de ces deux moyens de salut mis en leurs mains.

Heureux les yeux qui ont vu ces choses ! et nous pouvons ajouter : Heureuses aussi les oreilles qui les entendent !

Et si Notre-Dame de Lourdes a témoigné le désir « de voir venir à sa Grotte beaucoup de monde, » afin de s'y préparer une armée de plus en plus nombreuse d'Apôtres et de Croisés, nul doute que son désir ne soit également de voir raconter par ceux-ci à ceux qui n'ont pas eu le même bonheur, les choses qu'ils ont vues, afin d'en perpétuer et étendre les fruits le plus loin possible.

C'est pourquoi nous avons pu dire que c'était entrer dans les desseins de Marie que de publier, dans les limites prescrites par les lois de l'Eglise et les règles de la prudence, les faveurs obtenues par son intercession, à sa Grotte bénie.

Faire servir la reconnaissance des pèlerins les plus favorisés par N.-D. de Lourdes à la poursuite de ses desseins, telle est bien la pensée qui a présidé à la publication des humbles pages qui suivent. Puissent-elles obtenir leur but, en donnant aux bons la consolante assurance que Dieu continue d'être avec eux ; en apportant aux indifférents, aux incrédules, aux impies, des preuves plus accessibles à leur esprit, des signes plus sensibles à leurs yeux, de la vérité qu'ils ont le suprême malheur, les uns de négliger, les autres de rejeter et même d'insulter ; en dressant enfin devant les pas des ennemis déclarés une sorte de défenses avancées, qui, en recevant leurs premiers coups, retarderont d'autant ceux qu'ils préparent contre le cœur de la place, je veux dire, contre l'Eglise elle-même (1).

LE COMITÉ DE DIRECTION.

Saint-Dié, le 15 Novembre 1881.

---

(1) Nous déclarons, qu'en racontant les faits qui vont suivre, nous n'entendons, conformément aux décrets du Concile de Trente et des SS. Pontifes, ni préjuger leur caractère miraculeux, ni leur donner d'autre divulgation que celle qu'ils reçoivent de leur propre notoriété

PRINCIPALES GUÉRISONS

OBTENUES

PAR LES MALADES DU PÈLERINAGE LORRAIN A LOURDES

EN 1881

I

MADEMOISELLE LOUISE COLIN

Nancy, hôpital Saint-Stanislas.

(*Hydropisie de cœur, congestion pulmonaire, hémoptisie.*)

Pour la gloire de Marie Immaculée et en reconnaissance de ma guérison, je suis heureuse d'en donner le détail.

J'ai perdu mon père à l'âge de six ans, et je fus placée à l'hospice Saint-Stanislas, dirigé par les religieuses de Saint-Charles.

Ma mère souffrait depuis un certain temps de la poitrine ; cette maladie l'enleva trop jeune à l'affection de ses enfants, et elle me la laissa en héritage. Elle mourut en 1874.

Née scrofuleuse, j'ai eu souvent des abcès ; il m'a fallu toujours des soins constants ; malgré cela, les forces me manquaient ; souvent, je tombais en faiblesse. A 19 ans, je fis une maladie grave. Je fus administrée le deuxième jour de cette maladie, et, depuis, je n'ai quitté le lit que pour partir pour Lourdes. Depuis quatre ans, le mal empirait et se compliquait sans espoir de guérison. Vomissements de sang fréquents, battements de cœur, enflure des pieds et du côté gauche, diarrhée, tout résistait aux traitements du docteur si dévoué de la maison.

Je m'affaiblissais d'autant plus que je ne pouvais prendre que peu de nourriture. Pour faire mon lit, on me posait sur un autre lit de l'infirmerie, et ce mouvement seul occasionnait parfois des saignements de nez. Je passais mes jours et mes nuits assise, ou plutôt pliée en avant dans mon lit, soutenue par quantité d'oreillers. Il fut un moment où, pour me soulager, on dut poser un cerceau dans mon lit, afin que le drap ne pesât pas sur mes pauvres jambes affaiblies et enflées.

Je me souviens qu'un jour où je me crus bien forte, je demandai à ma bonne sœur infirmière de me lever un instant. Mais lorsque je fus levée, elle dut s'éloigner quelques moments, et je voulus remonter seule dans mon lit, qui était tout près. Je me cramponnai de toutes mes forces au matelas ; mais, mon pied enflé ayant heurté une traverse du lit de fer s'ouvrit et je tombai évanouie. Il ne coula pas de cette plaie une goutte de sang, mais beaucoup d'eau, et elle fut longtemps à se fermer. Aussi, pendant notre voyage, j'avais grand'peur quand on touchait mes pieds, et lorsqu'on me transportait, il fallait une personne pour les porter. Quand l'enflure était forte, il me semblait que mon cœur nageait dans l'eau.

Cet été, j'eus par deux fois le visage, les bras et la plante des pieds couverts de cloches d'eau.

Depuis deux ans, j'avais un constant et ardent désir d'aller à Lourdes, où j'étais sûre que la Sainte Vierge me guérirait ; mais ma chère sœur supérieure n'osait prendre sur elle la responsabilité d'un voyage qui pourrait me causer la mort. Je ne me décourageais pas ; chaque fois que j'avais essuyé un refus, je recommençais neuvaines sur neuvaines pour que la Sainte Vierge inspirât à mes bonnes maîtresses de me laisser partir. Je faisais toujours plusieurs neuvaines l'une après l'autre, espérant que le temps ferait oublier à ma chère sœur supérieure les premiers refus qu'elle m'avait faits ; puis je renouvelais ma demande. Combien de fois je reçus la même réponse : « Non. » Toujours non !

Enfin, cette année je fus exaucée. Au printemps, ma chère sœur supérieure m'accorda cette permission si ardemment désirée. Je ne pouvais croire à mon bonheur! M. l'aumônier eut la bonté d'écrire au comité du train lorrain à Saint-Dié, et je fus admise parmi les malades de N.-D. du Salut. Mon certificat médical, qu'on ne me laissa pas lire, portait : « Affection organique du cœur, compliquée actuellement de congestion pulmonaire intense, avec hémoptisie. » L'espoir d'être guérie pouvait seul me soutenir; car les hémorrhagies devenaient de plus en plus fréquentes et abondantes; l'enflure augmentait, et je me trouvais dans un tel anéantissement qu'on désespérait de pouvoir me faire entreprendre le voyage. Mais moi, je voulais partir; je ne songeais pas aux difficultés et aux ennuis que j'allais donner aux personnes qui m'emmenaient. Je n'avais qu'une seule pensée : celle que Marie Immaculée me guérirait.

Le 15 août, je ne pus faire la sainte Communion, à cause des vomissements de sang; mais j'en fus consolée le lendemain, jour du départ, où je pus recevoir le bon Sauveur pour me soutenir pendant ces longues et douloureuses stations du pèlerinage.

Je fus portée dès le matin dans une voiture de place, et de mon lit jusqu'à cette voiture j'eus deux faiblesses. A peine montée, je restai encore en faiblesse jusqu'à la gare, où mon état effraya les pèlerins et où je fus un sujet de critique et de blâme pour plusieurs curieux. On disait près de moi: « Il n'y a pas de bon sens d'emmener une enfant dans cet état! »

On m'offrit une cuillerée de liqueur pour me remettre un peu; mais je ne pus l'avaler, à cause des vomissements qui semblaient sur le point de me reprendre. Je repris tout mon courage, et on m'éleva sur un fauteuil jusqu'à la portière du wagon de troisième où on put enfin me placer.

Jusqu'à Mattaincourt, je ne fus pas trop mal; mon unique préoccupation était de demander constamment si on avait bien mis des chaussures dans mon sac, pour aller aux processions, quand je serais guérie.

A Mattaincourt, les vomissements ne s'arrêtaient plus.

On me plaça en seconde classe jusqu'à Paray-le-Monial. De Mattaincourt à Lourdes, je n'ai à peu près souvenir de rien que de la sainte Communion que j'eus le bonheur de faire à Paray. J'insistai tant pour être transportée à la chapelle de la Visitation, je le désirais si ardemment, qu'on se décida en tremblant à m'y porter sur un brancard, de grand matin, avant le départ. On me plaça près des reliques de la Bienheureuse Marguerite-Marie, et on me donna de suite le bon Dieu; mais je ne priai pas, je n'en avais pas la force; j'eus deux faiblesses, et je ne me souviens guère. Mais je me rappelle qu'un prêtre agenouillé près de moi me dit tout bas : « Courage, ma bonne enfant, demain vous serez guérie. » (M. l'abbé Renaud, vicaire à Nancy).

Depuis le moment où nous partîmes de Paray, je fus toujours de plus en plus mal. On avait été forcé de me donner un matelas dans le wagon. Je ne me souviens à peu près de rien, ni de cette longue journée, ni surtout de la nuit et de la matinée du 19 jusqu'au moment béni où je fus plongée dans l'eau miraculeuse.

Pendant la journée, j'eus tout le temps des faiblesses qui inquiétaient; les vomissements ne cessaient pas non plus. Quand vint la nuit, on dit que je tombai comme en agonie. Il paraît que tout le monde était effrayé; j'avais les apparences de l'agonie, les convulsions dernières. La bonne sœur infirmière qui veillait à côté de moi épuisait tous ses soins. Ma bouche n'accusait plus de souffle; le cœur, si agité auparavant, semblait avoir cessé de battre. Alors, on appela Messieurs les Directeurs du pèlerinage qui parcoururent les wagons, afin de faire prier pour la « mourante. » On se mit partout en prières; on priait les bras en croix; on multipliait les rosaires; il y eut des wagons où on persévéra jusqu'au jour. Les employés de la gare d'Aurillac, où je tombai dans cet état, me crurent morte, et en donnèrent la nouvelle au train de Metz et Nancy qui suivait le nôtre.

Pendant ce temps, rien ne me rappelait à la vie. Un des Pères des Missions Etrangères qui voyageait près de nous m'avait donné la dernière absolution; l'amie qui m'accompagnait pleurait, me croyant sur le point de rendre le dernier soupir. Les pèlerins venaient, aux stations, me regarder tout émus; et dans la nuit on demandait aux prêtres qui passaient : « Est-elle morte? » — « Pas encore. » Vers le matin, ils dirent : « Elle est mieux. »

Voilà ce qu'on m'a dit; car moi, je n'ai à peu près souvenir de rien.

Il paraît aussi qu'arrivée à Lourdes, je passai quelques heures à l'hospice des Sept-Douleurs; puis, on m'emporta des premières à la Grotte, que je ne vis pas; je ne voyais rien. On m'emmena de là à la piscine, et un brancardier disait en me portant : « Il est bon de porter des malades, mais pas des morts. » Il était environ deux heures ½ de l'après-midi, le 19 août. Les dames infirmières crurent bon, avant de me plonger, d'appeler un prêtre, qui me donna encore la dernière absolution; puis, elles durent entrer elles-mêmes dans la piscine pour me tenir. Cela, je n'en ai pas conscience; mais je me souviens fort bien de ce qui arriva un peu après, depuis que, le froid intense de l'eau m'impressionnant, je jetai un cri, puis restai environ deux minutes comme anéantie. Je voyais mes pauvres jambes étendues tout enflées; et, les dames infirmières pesaient sur mes épaules pour me plonger dans l'eau, car l'eau me portait et j'avais à faire effort pour enfoncer; je pense que c'était l'enflure qui était cause de cela.

Ensuite, j'éprouvai une douleur aiguë, générale, des pieds à la tête; ces dames eurent peur, sans doute, car elles voulurent me sortir par deux fois; mais je voulus absolument rester. Je désirais m'unir aux prières et m'agenouiller; je m'aidai de mes mains pour parvenir à faire plier mes jambes, mais j'y avais peine, à cause de l'enflure. J'y parvins cependant, et m'appuyant au mur, les bras en croix, je récitai trois *Ave Maria*.

Alors je dis : « Échappez-moi, je suis guérie! » J'étais,

oui, grâces en soient rendues éternellement à N.-D. de Lourdes, j'étais bien réellement guérie.

Je sortis seule de la piscine. L'enflure avait disparu; je n'avais plus de mal. Me reconnaissant à peine, je me dirigeai vers la Grotte en chantant le *Magnificat* avec la foule. Les brancardiers, qui m'attendaient à la porte, pour m'emporter sans doute, se placèrent près de moi, et tout joyeux m'ouvrirent un passage.

Alors seulement, je vis la Grotte miraculeuse et la statue de ma bonne Mère, la Vierge Immaculée!...

Je restai là une heure à genoux; puis les dames qui soignaient les malades m'apportèrent une tasse de bouillon et du vin, que je pris d'un bon appétit, sans éprouver le moindre malaise, moi dont l'estomac ne pouvait auparavant presque rien garder.

Pour s'assurer de ma guérison, on me fit marcher. J'étais si légère! il ne me restait que la faiblesse d'une convalescente. J'allai jusqu'à la station des voitures; on en prit une pour me soustraire à la foule qui nous suivait et m'accablait. Je montai plus lestement que personne. A l'hospice, on me donna un lit au deuxième étage; je montai de suite à ma chambre. Je n'avais pas encore prononcé une parole, je me sentais si heureuse !

Le lendemain, dès quatre heures du matin, j'allais à la Basilique. Au retour, je pris simplement une place de troisième, comme les autres, pour tout le trajet de Lourdes à Nancy.

Depuis, je ne ressens plus aucun mal. Je bois, mange, cours, vais et viens comme mes compagnes, qui voulaient à peine me reconnaître, lorsqu'elles me revirent bien vivante au milieu d'elles.

Je suis guérie. Gloire en soit rendue à Marie Immaculée !

Puissé-je consacrer la vie qu'elle m'a rendue, à l'aimer et à la faire aimer !

Vive N.-D. de Lourdes dans tous les cœurs!

Louise COLIN,
Enfant de Marie.

Ce 31 octobre 1881.

II

MADEMOISELLE KREMPF
Metz.

Je suis née à Puttelange (Lorraine), et suis maintenant âgée de 37 ans. Dès l'âge de vingt ans, j'eus à souffrir d'un mal intérieur dont les symptômes n'étaient pas bien caractérisés. Il m'est impossible de faire la description des souffrances que j'eus à endurer. Extérieurement, on ne remarquait qu'un certain gonflement, mais ce gonflement était comme une ceinture douloureuse qui me serrait continuellement et me gênait dans tous mes mouvements; à peu près tous les jours, j'éprouvais des spasmes nerveux très-violents, accompagnés de fièvre et suivis de vomissements. Ces crises duraient ordinairement deux ou trois heures; parfois même, elles duraient sept à huit heures consécutives. La privation de sommeil et le manque d'appétit contribuaient encore à augmenter ma faiblesse.

Cependant, les soins ne me manquèrent pas; je suivis successivement les traitements de dix médecins. Le mal résistait à tous les remèdes. Leur science se heurtait contre un vice de constitution qu'ils ne pouvaient pas corriger. En 1879, je passai dix semaines à Sarreguemines, pour y recevoir des soins tout spéciaux. A cette époque, la gangrène intérieure était à craindre. Après ce traitement, le mal était le même et la fièvre était devenue plus violente. Au printemps 1880, je m'adressai à un professeur de médecine de Strasbourg, qui proposa une opération. Malgré mon extrême faiblesse, je m'y soumis courageusement. L'opération n'eut pas le succès qu'on espérait; elle avait eu lieu le 30 mai, et au mois d'octobre, il fallut recommencer. Ce fut encore inutile; le 9 décembre, je retournai à Strasbourg pour une troisième opération: j'y passai de nouveau quinze jours. Cependant au mois de mai 1881, je voulus essayer la même opération une quatrième fois. Le résultat fut complétement nul ; les déclarations du professeur ne me laissaient plus d'espoir, et un autre docteur, qui m'avait soignée en même temps, me donna très-amicalement le conseil de cesser tout remède. La science humaine reconnaissait son impuissance.

A la suite de ces désolantes déclarations, je me trainai à la cathédrale de Strasbourg, et là, devant la statue de Notre-Dame des Sept-Douleurs, je m'assis et priai en pleurant. Un rayon de consolation descendit dans mon âme : je conçus le désir d'aller à Lourdes, et ce désir fit germer la confiance dans mon cœur. Ceci se passait le 5 juin. Quand je fus rentrée dans ma famille, la maladie fit des progrès très-rapides ; les forces diminuaient, chaque mouvement du bras, chaque pas occasionnaient une douleur aiguë ; la privation de sommeil était complète ; je ne supportais plus d'autre nourriture qu'un peu de bouillon et de temps en temps un œuf frais. Les crises devenaient plus fréquentes. A tous ces maux physiques, il faut ajouter une peine bien cruelle pour les personnes élevées dans des habitudes de piété, habitudes auxquelles je n'avais jamais manqué. A cause des spasmes nerveux et des vomissements qui les accompagnaient, je ne pouvais assister aux offices de l'Eglise, ni recevoir la sainte Communion. Dans les six dernières années, je ne pus communier qu'à Pâques, et encore, la dernière année, je ne pus le faire qu'au commencement d'août, avec les difficultés les plus grandes.

Malgré toutes ces douleurs du corps et de l'âme, je conservais ma confiance ; lorsque le pèlerinage lorrain s'organisait à Metz, ma confiance redoubla ; aucune objection ne put l'ébranler et je partis accompagnée de mon frère, curé de Préhange. Le voyage fut très-pénible. A Mattaincourt, je dus me mettre au lit. A Paray-le-Monial, je ne pus entrer à la Basilique, et je m'assis à la porte. Cependant j'eus le courage de me mettre à la suite de la procession ; le Sacré-Cœur me récompensa immédiatement. J'éprouvai un soulagement considérable, et en profitai pour me confesser et recevoir la sainte Communion.

De Paray-le-Monial à Lourdes, les douleurs revinrent avec la même intensité. A Lourdes, pour différentes raisons, j'eus quelque hésitation, et il est à remarquer que plus j'hésitais, plus les douleurs augmentaient. La dernière nuit fut affreuse; la violence du mal me décida enfin à entrer dans la piscine. Là, j'eus encore une crise et ce fut la dernière. Dans un élan suprême de confiance, je m'écriai : « Bonne mère, faites de moi ce que vous voudrez; si vous me guérissez, je publierai ma guérison pour votre gloire. » Au moment où l'eau toucha la partie malade, il se fit en moi un craquement douloureux; je poussai un cri : j'étais guérie. Le gonflement avait disparu subitement, la douleur n'existait plus. Je sortis de la piscine; mes mouvements étaient libres. Je suivis tous les exercices du pèlerinage, pus marcher, me mettre à genoux, sans éprouver aucune douleur. C'était le samedi 20 août, fête de saint Bernard.

Le retour s'effectua sans peine. C'était une alternative perpétuelle d'appétit et de sommeil. A peine rentrée dans ma famille, je me remis aux travaux du ménage, et assistai aux offices les plus longs, sans ressentir aucune fatigue.

Aujourd'hui 24 octobre, date de ce rapport, deux mois se sont écoulés, et je n'ai pas encore eu une minute de douleur; aucun des symptômes de la maladie ne s'est présenté non plus; l'appétit est revenu; le sommeil est très-bon; le mal qui avait été le principe de toutes mes souffrances, n'existe plus dans ma constitution, et, sous ce rapport, je puis affirmer que je suis mieux portante que je ne l'étais à l'âge de vingt ans. Je ne recule pas devant les travaux les plus fatiguants; ce qui m'était impossible depuis douze ans, je l'exécute sans peine.

M. KREMPF.

Le frère de la malade, M. l'abbé Krempf, qui a écrit cette relation sous la dictée de sa sœur, ajoute :

« Tel est l'exposé succinct du fait. Il ne nous appartient

pas de juger. Cependant, nous nous rappelons les paroles de l'archange Raphaël à Tobie : « Il est bon de cacher les secrets des Rois ; mais publier et glorifier les œuvres du Très-Haut, est un devoir d'honneur. » C'est pourquoi, toute notre vie, nous ne cesserons de dire : Gloire à Marie ! Reconnaissance à Notre-Dame de Lourdes !

« L'abbé KREMPF,
« Aumônier des Sœurs de la Doctrine Chrétienne.

« Metz, le 24 octobre, fête de saint Raphaël. »

III

MADEMOISELLE FÉLICIE MARCHAL
Gérardmer (Vosges).

M. Guyot, curé-doyen de Gérardmer, chanoine honoraire de Saint-Dié, nous écrivait dès le 16 septembre dernier, au sujet de cette guérison, la lettre suivante qui fut publiée par la *Semaine religieuse* du diocèse :

« Puisque vous désirez avoir des renseignements sur la jeune fille que nous avons envoyée à Lourdes, je m'empresse de vous les communiquer.

« Félicie Marchal, âgée de 19 ans, était sur son lit depuis huit mois. Elle ne pouvait se coucher ni sur le côté droit, ni sur le côté gauche, et ne restait levée qu'une heure par jour ; elle avait la respiration très-difficile. Il fallait l'habiller, la déshabiller et la soutenir, tant elle était faible. Le médecin qui la soignait, M. Kelsch, l'avait condamnée. Vous avez le certificat dans lequel il atteste que cette jeune fille « est atteinte d'une très-grave maladie de cœur, » compliquée d'une profonde anémie. Une personne charitable m'ayant fait une offrande en faveur d'une malade qui désirerait aller à Lourdes, nous avons décidé, mes vicaires et moi, d'y envoyer Félicie Marchal, dont connaissions la foi vive et la vie exemplaire. L'ayant confessée la veille de son départ, je l'excitais à la confiance; elle m'a dit: « Je crois « que je serai guérie. » Le lendemain, on l'a vue conduite à la gare sur une petite voiture. Beaucoup de personnes qui connaissaient la gravité de son état, disaient: « Elle ne re- « viendra pas, c'est une imprudence. » Pendant le voyage, étendue sur un matelas et soignée par une excellente per- sonne de Lusse, elle éprouva un mieux sensible à la station faite par le pèlerinage à Paray-le-Monial. A Lourdes elle fut plongée deux fois dans la piscine et chaque fois le mieux se fit sentir. N'éprouvant plus de malaise, elle abandonna son matelas et revint joyeuse avec les pèlerins. Arrivée à la gare de Gérardmer, elle descendit gaiement du chemin de fer, portant elle-même son sac de voyage. Depuis ce temps, Félicie Marchal va très-bien, travaille chez ses parents et raconte ingénuement à qui veut l'entendre, ce que la Sainte Vierge a fait en sa faveur. Le docteur Grenell, qui l'a aus- cultée, il y a quelques jours, m'autorise à déclarer en son nom, « qu'il n'a constaté dans cette jeune fille aucune trace « de maladie de cœur. »

« En présence de ce fait extraordinaire, les chrétiens ren- dent gloire à Dieu et remercient sa divine Mère; les indif- férents, s'ils se taisent, se sentent intérieurement ébranlés; ceux qui se proclament libres penseurs, ne pouvant rien dire de raisonnable pour justifier leur incroyance, préten- dent que cette guérison est due au mouvement du chemin de fer. »

Le 6 novembre, M. le curé de Gérardmer nous écri- vait de nouveau :

« Je vous adresse la relation plus étendue que Félicie Mar- chal vous a faite elle-même. Tout est d'elle. C'est son style.

« J'ai fait ériger dans notre église une petite chapelle à N.-D. de Lourdes. Depuis lors, il y a cinq ans, la dévotion à N.-D. de Lourdes s'est propagée dans ma paroisse. Il n'y a pas de semaines qu'on ne fasse dire des messes en son honneur.

« En ce moment, le P. Eicher, Jésuite, prêche le jubilé dans notre église. Nous remarquons un retour sensible vers la religion de la part des personnes de Xonrupt, section à laquelle appartient Félicie Marchal. Ce résultat est dû évidemment à ce que la Sainte Vierge a opéré en faveur de cette jeune fille. »

Relation de Mlle Félicie Marchal.

Par reconnaissance à Notre-Dame de Lourdes et afin de l'honorer, je fais le récit des circonstances de ma maladie et de la guérison que j'ai obtenue par son intercession.

A partir de ma première communion, j'avais des camarades qui étaient pieuses ; elles se mirent de la Congrégation, et je les imitai. J'allais me confesser et communier à toutes les fêtes.

Quant à ma santé, elle ne laissait rien à désirer, ce semble : je n'étais jamais malade, lorsque, le jour de Noël, l'année dernière, je fus épouvantée par la mort subite de mon grand'père. Je me chagrinai beaucoup, et je sentis un craquement dans le côté ; mais je n'y fis pas attention. Je ne sais si c'est de cela que provint ma maladie. Je pense que non ; car M. Kelsch, le médecin qui m'a soignée, a dit qu'il y avait longtemps que je portais ce mal.

A partir de ce jour, après que je fus revenue de l'enterrement, j'étais oppressée, et cette oppression ne me quitta plus ; elle alla même toujours en augmentant. J'avais la langue chargée. Cependant, je travaillai encore, comme d'habitude, jusqu'au milieu du mois de janvier.

Mes sœurs croyaient à un mal de gorge. On alla à la pharmacie, et l'on me donna des gargarismes et des pastilles de chlorate de potasse, qui n'y firent rien. J'allai moi-même voir M. Kelsch, qui me donna des pilules de fer et des pastilles de Tolu. Au bout de huit jours, j'avais mal partout, dans les côtés, dans les membres. Je fus obligée de m'aliter. Ma sœur alla encore voir M. Kelsch. Il dit alors que ce pouvait être des douleurs rhumatismales. Il me donna des papiers révulsifs de Palmier et une bouteille de sirop composé pour l'oppression. Ce fut encore pis. Je crus que j'allais mourir, tant j'étouffais. Mon frère alla chercher M. Kelsch. Il dit que c'était une hypertrophie de cœur. Il me donna une bouteille de sirop de digitale, des pilules de fer et du thé des Vosges. Je ne souffris plus tout à fait tant, je n'étais plus si oppressée; mais mes forces diminuaient, et j'avais des battements de cœur très-précipités. M. Kelsch me donna encore des pilules de fer, puis des granules de digitale et du vin de quinquina, et j'en pris toujours jusqu'au mois de juillet.

J'avais des moments où j'étais serrée comme avec un cercle de fer sur la poitrine et derrière le dos, et il me semblait qu'une main de fer me pressait le cœur; c'était si tendu qu'il me paraissait que tout allait se rompre. Je ne pouvais faire le moindre mouvement ni dire aucune parole. J'étais ainsi pendant deux ou trois heures ; souvent plusieurs fois par jour. Cependant, cela diminua vers la fin d'avril, et depuis, je ne sentais plus cette très-grosse oppression que tous les quinze jours ou tous les mois. Mais les battements de cœur continuaient.

M. Kelsch vint me voir de nouveau vers la fin d'avril. Il me prescrivit des mouches de Milan et les douleurs ne revinrent plus que rarement. Quoique moins forte, l'oppression persistait toujours avec les battements de cœur. J'employai de l'eau sédative sur la tête et une compresse autour du cou, ce qui me soulagea un peu.

Vers le mois de juin, M. Kelsch vint encore me voir. Il avoua qu'il croyait, la première fois qu'il m'avait vue, que je n'entendrais pas chanter le coucou. Il dit à mon frère que j'en avais pour longtemps et que c'était une maladie très-grave.

Je n'avais point d'appétit. Je dormais à peu près deux heures toutes les nuits, pas plus, et j'avais des cauchemars. Je fus trois mois sans sortir du lit. Je ne pouvais plus me servir pour manger. M. Kelsch m'ayant dit, au mois de mai, qu'il fallait me donner du mouvement et aller dehors, on m'aidait à me lever et à marcher; mais, je ne pouvais pas demeurer assise; j'avais toutes les peines du monde d'y rester un quart d'heure : et, jusqu'au jour où je partis pour Notre-Dame de Lourdes, je ne pouvais me lever seule, *ni me met-*

tre sur les côtés, lequel ce soit. Tout ce que je pouvais en ce moment, depuis à peu près six semaines, c'était de porter ma cuillère, de marcher quelques pas sans aide, et de rester levée pendant une heure, deux fois par jour.

Au mois de juillet, on m'avait fait revenir des granules antimoniaux. La semaine de notre départ, l'appétit me revint un peu, et je mangeais passablement. Mais, quoique je n'eusse plus autant de battements de cœur ni une oppression aussi pesante, je ne respirais pas bien ; j'avais encore de mauvais moments, tantôt une faiblesse, tantôt un étourdissement ou des battements de cœur plus violents. Je ne pouvais pas réfléchir. J'avais bien du mal de dire un *Notre Père* et un *Je vous salue Marie,* pour mes prières.

Mais mes camarades et beaucoup de personnes priaient pour moi. Nous avons dit l'Oraison des Trente jours et puis nous avons fait des neuvaines à Notre-Dame de Lourdes, au Sacré-Cœur, à Saint-Joseph, une en l'honneur de l'Immaculée-Conception par l'intercession de Pie IX. Une de mes camarades a promis quarante Chemins de Croix, si je guérissais. Pendant ce temps, le bon Dieu m'a toujours bien aidée. Je ne m'ennuyais pas trop, et je me disais toujours que c'est bien vrai que le bon Dieu ne nous envoie pas d'épreuves au-dessus de nos forces. Je vis aussi bien visiblement la main de la Providence, quand M. l'abbé Aubert, notre vicaire, vint me demander si j'avais envie d'aller à Notre-Dame de Lourdes, disant qu'une personne se chargeait de payer mon voyage.

Je savais par lui que le pèlerinage partait après l'Assomption. Nous fîmes la neuvaine préparatoire chez nous. Mes camarades et beaucoup d'autres personnes la firent aussi pour moi. Je demandais en même temps au Sacré-Cœur d'avoir de la confiance, et je l'obtins. J'étais assurée que je serais guérie.

Avant de partir, je me confessai et je communiai. L'on me conduisit à Gérardmer dans une voiture et sur un matelas. Dans les commencements, j'avais mal dans les côtés.

Mais, je recourus puissamment à la Sainte Vierge, la conjurant que, puisqu'elle avait permis ce voyage, elle voulût bien me soutenir et m'aider à le faire. Jusques Saint-Dié, l'on me mit en premières places du chemin de fer, et je me couchai sur les coussins. Depuis Saint-Dié, on me mit sur un matelas, et je restai couchée, en 3e classe.

A Paray-le-Monial, j'allai entendre, lorsque je fus descendue, la messe à l'église du Sacré-Cœur. Je souffrais de l'estomac d'être fatiguée, et je priais le Cœur de Jésus, lui qui avait dit : « Venez à moi, vous tous qui souffrez et qui êtes « chargés, et je vous soulagerai. » Je ne communiai pas ce jour là, à cause du nombre de personnes qui s'y trouvaient.

L'on me conduisit à l'hôpital, je me couchai jusque vers le soir ; et alors, je me sentis déjà mieux. Je pus me lever et m'habiller seule. Le lendemain, j'allai communier à l'église du Sacré-Cœur. Lorsqu'on fut prêt pour monter en chemin de fer, mon matelas se trouva perdu. Comme j'étais déjà un peu fatiguée, j'allai m'asseoir sur un banc, en 3e classe, et j'y restai. Nous étions serrés. Je fus obligée de me coucher la tête sur une banquette, les pieds sur l'autre. Mlle Bursch, de Lusse, me soutenait un peu. J'étais sans trop de peine, tantôt couchée, tantôt assise. Pendant le voyage, je priai beaucoup la Sainte Vierge de me soutenir, et je m'abandonnai à sa protection.

Arrivée à Lourdes, l'on me conduisit sur un omnibus à l'hôpital des Sept-Douleurs. Je me couchai un peu ; et puis l'on me transporta à la grotte sur un brancard. J'avais dit que si ce n'était pas loin, je pourrais marcher ; j'étais mieux depuis Paray-le-Monial ; mais l'on dit que ce serait plus tôt fini, et je me laissai faire.

Arrivée devant la Grotte, je m'agenouillai. L'on retira mon brancard, et je restai là toute la journée. J'allai à la piscine vers 4 ou 5 heures. J'avais pleine confiance. Je savais que M. le curé disait la messe ce jour-là pour moi à l'autel de N.-D. de Lourdes érigé dans l'église de Gérardmer. Je savais aussi que l'on faisait une neuvaine pour moi à l'orphe-

linal de Gérardmer. Etant à la piscine, je priai avec une
confiance toujours plus grande ; je sentais, dans l'eau froide,
une douce chaleur, et, en sortant, je n'avais pas froid. Je
ne m'essuyai pas. Je me rhabillai moi-même. Je me sentais
bien mieux ; j'étais toute reposée : mais, j'avais un peu mal
à la tête. Arrivée devant la grille de la Grotte, il me sembla
que j'allais défaillir. Les dames qui étaient près de moi me
soutinrent, et, revenue à moi, il ne m'en resta aucune trace.
Je retournai à l'hôpital ; je montai les escaliers et me couchai toute seule.

Le lendemain, j'allai communier à la Grotte, et j'y restai
jusqu'à midi. Je revins dîner à l'hôpital ; puis, je retournai
à la Grotte, où je me tins jusqu'au soir. Je revins coucher
à l'hôpital. Le dimanche je communiai à la chapelle de
l'hôpital ; puis je descendis à la Grotte, attendant mon tour
pour entrer à la piscine. J'y allai vers trois heures ; je me ré-
jouissais beaucoup de m'y baigner de nouveau. J'avais confiance que je serais encore mieux. Je priais avec ferveur la
Sainte Vierge d'avoir pitié de son enfant, et d'étendre sur
moi cette main qui guérit, pour le triomphe de la religion.
Car je n'ignorais pas que tout le monde disait à Gérardmer
que c'était folie pour moi d'aller à Lourdes et que je n'en
reviendrais pas. Quand je sortis, *j'étais encore bien mieux.*
J'allai de suite à la Grotte remercier ma bonne Mère, puis
j'allai dîner à l'hôpital.

Il était sept heures du soir, quand l'on nous annonça que
nous devions repartir le lendemain, à quatre heures du matin.
Je n'avais pas été une seule fois à la Basilique, tant je me
trouvais heureuse de prier à la Grotte ; j'aurais bien voulu
y aller ; mais, je ne pus. J'étais déjà bien contente comme
cela, et je me résignai.

Je quittai avec beaucoup de regret cette terre bénie où
l'on goûte un parfum du ciel. Je promis à la Sainte Vierge
d'être toujours une bonne chrétienne, et de faire tout ce
que le bon Dieu demanderait de moi.

En revenant je fus toujours assise, et je n'avais plus besoin de garde-malade. Rien autre chose n'était capable de m'intéresser. Je disais toujours mon chapelet. Je priais pour les habitants de Gérardmer, et aussi pour les pèlerins qui, s'occupant des malades, n'avaient pas le temps de prier. Quand j'avais un peu de mal, je l'offrais à la Sainte Vierge pour obéir à sa demande de faire pénitence.

Je n'osais croire que je fusse guérie tout-à-fait. J'étais encore faible. Mais M. Grenell, après m'avoir examinée, la semaine même de mon retour, m'a dit qu'il ne voyait en moi aucune trace de maladie de cœur. Le dimanche qui suivit, je portais la statue de la Sainte Vierge à la procession du Rosaire. A présent la faiblesse a disparu. Je travaille à peu près autant qu'avant ma maladie. Je fais souvent douze kilomètres par jour, depuis que je suis de retour, pour aller à l'église et en revenir. Tout le monde en est dans l'admiration, et on est forcé de croire, si l'on veut être de bonne foi. Il paraît que le fait de ma guérison a fait beaucoup de bien à beaucoup de personnes, surtout dans notre section. Quelques-unes prétextent, il est vrai, quelques raisons; mais des raisons dont ils ne sont ni ne peuvent être sûrs.

Plusieurs personnes ont envie d'aller elles-mêmes à Lourdes une autre année. Je les excite à prier beaucoup.

Félicie MARCHAL.

Gérardmer, le 6 novembre 1881.

Mademoiselle Caroline de FRANCHESSIN
Talange (Lorraine).

J. M. J.

Il y a trois ans environ, une crise de nerfs violente et des maux de tête intolérables qui ont duré près de six heures, m'ont jetée dans un tel état de faiblesse que je n'ai pu quitter mon lit durant près de quinze jours ; des syncopes fréquentes et des douleurs dans tous les membres m'empêchaient de faire le moindre mouvement. Je devins d'une faiblesse extrême. Mes jambes ne pouvaient plus me soutenir, et je m'aperçus bientôt que tout le côté gauche était devenu insensible. Je me levais une heure par jour ; l'on était obligé de me soutenir. Je ne pouvais poser sur la jambe gauche. Il me semblait, dès que mon pied touchait le sol, qu'elle se crispait, et une douleur vive partait du genou jusqu'au talon. Je restai ainsi une année, quand survint une seconde crise qui fut suivie de cinq ou six autres. Les symptômes de ces crises étaient quelques crachements de sang, et une douleur excessive à la poitrine. Les crises duraient quatre heures, et il fallait trois personnes pour me tenir à terre et m'empêcher de me blesser contre les meubles. Pendant ces moments, je souffrais atrocement, et j'étais quelquefois quinze jours ou trois semaines avant de me remettre un peu. Cet état dura près de trois ans : les crises devenaient plus rares ; mais, la faiblesse augmentait ; car, pendant tout ce temps, je ne pouvais prendre presque aucune nourriture. Je vivais à peu près uniquement de laitage ; de temps en temps seulement, je prenais le quart d'un œuf ; jamais de pain. Pendant plus de deux ans, je n'ai pas absorbé une goutte de bouillon. Le moindre bruit me fatiguait énormément et me faisait horriblement souffrir. Au commencement de ma maladie et les quelques jours qui suivaient mes crises, je ne pouvais même pas entendre parler haut autour de moi ; à plus forte raison, je ne pouvais supporter le chant ; aussi, je n'ai pu assister à un seul office depuis le 20 novembre 1878. Un autre caractère de ma maladie, c'est que je ne pouvais voir personne, excepté ma famille et M. le Curé. J'étais devenue d'une sauvagerie incroyable, et souvent, j'ai dû peiner bien des personnes qui venaient me voir, en refusant de les faire entrer dans ma chambre.

Les différents remèdes que les médecins me prescrivi-

rent, ne produisirent aucun effet. Je me remis alors entièrement à la sainte volonté du bon Dieu, et je le priai, afin de
lui demander la résignation pour tout le temps qu'il me
voudrait encore dans la souffrance. Je me remis aussi entre
les mains de la très-sainte Vierge.

La seconde année de ma maladie, j'eus un vif désir de
me rendre à Lourdes; j'étais convaincue que Marie seule
me guérirait; mais je dus attendre deux ans avant de pouvoir réaliser ce projet.

Pendant ce temps, je priai tous les jours N.-D. de Lourdes; je prenais mon chapelet, je commençais par un *Ave
Maria*; sur chaque *Pater*, je récitais : *Gloria, Pater, Ave* et
l'invocation : O Marie conçue sans péché; puis, sur chaque
grain des dizaines : N.-D. de Lourdes, priez pour moi. Les
prières m'obtinrent la résignation et, je crois aussi, la faveur de faire le pèlerinage cette année; aussi, quand j'appris que j'irais à Lourdes, j'en témoignai toute ma reconnaissance à Marie; mon bonheur était sans mélange et ma
confiance sans borne.

Quinze jours avant le grand voyage, je me sentis plus
souffrante; il me semblait que mes forces diminuaient, j'eus
une syncope occasionnée par d'affreuses douleurs dans le
côté gauche. Le jour arriva enfin; j'étais dans la plus grande
joie, mais aussi plus faible que jamais; on me porta à
l'église pour y recevoir la sainte Communion. Beaucoup de
personnes qui ne m'avaient point vue depuis ma maladie,
pleurèrent en m'apercevant dans un si triste état; elles pen-
saient (elles l'ont avoué après mon retour,) que je ne reviendrais pas. Le soir je m'embarquai. Arrivée à la gare,
une crise me prit; j'avais des secousses nerveuses et mes
membres devinrent raides et froids. Les employés du chemin de fer voyaient dans notre voyage un acte de la dernière imprudence. La nuit fut cependant plus calme; j'étais
brisée. Le lendemain les secousses nerveuses me reprirent,
et, à Metz encore, une personne qui me vit embarquer nous
taxa de témérité. Mais je sentais bien que Marie me proté-

gerait pendant le voyage; je n'aspirais qu'à être transportée sous son regard dans la Grotte privilégiée de Lourdes. Lourdes, je ne voyais que Lourdes. Aussi, Mattaincourt et Paray-le-Monial m'ont-ils laissée complétement indifférente, au point que j'en ai ressenti de la tristesse. Etre à Paray! là où le divin Cœur de Jésus s'est manifesté et répand tant de grâces, et ne pas être touchée, peut-on le comprendre? Mais, encore une fois, Lourdes était tout pour moi, et le divin Sauveur voulait laisser à sa Mère le soin de me guérir.

Au départ de Paray, des douleurs me prirent dans l'estomac et les côtés; aucun aliment ne pouvait passer, l'eau même augmentait mes souffrances. Ces douleurs ne firent qu'empirer, et, durant quinze heures, je souffris comme je n'avais jamais souffert, je me tordais de douleur et ne pus fermer les yeux durant tout le trajet de Paray à Lourdes. Tout ce que je pris pendant ce temps, ce furent trois gorgées de bouillon et autant de lait. Mais ce qui me fit le plus souffrir, ce fut le manque de confiance qui s'est emparé de moi et qui a duré quelques heures. Cependant, je continuai de prier, et cette terrible épreuve cessa quand le nom de Tarbes retentit à mon oreille. Marie m'attendait là, aurait-on dit, car un jet d'espérance m'envahit plus fort que jamais.

Rien alors n'aurait pu m'enlever le bonheur qui venait de m'être rendu avec un redoublement de courage. Enfin, Lourdes se fit voir à mes yeux avides. Un frémissement parcourut mes membres, quelque chose d'extraordinaire se passait en moi, je sentais que j'approchais de Marie.

A peine arrivée, je voulus être transportée à la Grotte et plongée dans la piscine. Je ne puis décrire ici le bonheur que j'éprouvai, quand je fus plongée dans l'eau sainte (c'était le vendredi à quatre heures du soir). Je crois n'avoir jamais ressenti autant d'amour dans mon cœur, tant il était à Marie. J'étais comme soulevée, attirée plus haut que la terre. Je priai de toute mon âme, demandant ma guérison; la chose me paraissait si sûre qu'un doute ne vint pas même traverser mon esprit! Mon âme surabondait de confiance.

Aussi, quand je sortis de cette eau sainte, je pus remonter à peu près seule les trois marches qu'il me fallait franchir pour m'habiller. Je sentais comme un bien-être et une joie intime se répandre dans mon cœur. Je dis à ces dames et à ma sœur, qui m'aidaient, que je me sentais mieux. En sortant, je ne voulus pas remonter dans la petite voiture qui m'avait amenée. Je pris le bras de ma sœur, et, chancelant un peu, je me rendis dans la Grotte, aux pieds de la très-sainte Vierge. Je ne souffrais plus, seulement restait une faiblesse extrême augmentée par l'émotion qui m'agitait. La nuit fut bonne. Le lendemain, je marchai mieux encore; le matin, je pus gravir les marches de la Basilique pour aller entendre une messe d'actions de grâces.

Après la messe, je fus une seconde fois plongée dans la piscine et je me sentis encore mieux; aussi, je n'eus plus besoin de ma petite voiture pour les courses aux environs de la Grotte. Je la prêtai à une pauvre religieuse bien malade. Cependant, le soir, pour rentrer à mon logement qui se trouvait à près d'un kilomètre de la Grotte, me sentant un peu fatiguée, je fis chercher ma petite voiture; mais on la trouva toujours occupée par la même malade. Qu'aurait pensé la Sainte Vierge si on l'avait fait déposer à terre? car il n'y avait là ni voiture, ni matelas, ni même de chaise libre. Aussi se contenta-t-on de demander à la malade et aux personnes qui l'entouraient, de prier spécialement la Sainte Vierge de me donner assez de force pour retourner à pied à mon logement.

Aussitôt les uns et les autres de s'adresser à Marie, les bras en croix. Pendant ce temps, je me mis courageusement en route, heureuse d'accomplir un petit acte de charité fraternelle envers plus malade que moi. Mais la course était longue, il fallait toujours monter et se garer des voitures sans nombre, lancées à toute vitesse. Je me reposai plusieurs fois; quand j'arrivai, j'étais anéantie, brisée. On fut obligé de me déposer sur mon lit, je ne pouvais plus parler. Cependant, ni moi, ni les personnes qui m'accompagnaient ne perdîmes la confiance.

Deux heures après, je mangeai avec appétit un œuf, et le lendemain je marchais mieux que la veille encore. Le troisième jour, j'étais incroyablement mieux, je prenais du potage et de la viande sans dégoût. Le lundi, hélas! il fallait quitter notre bonne Mère. Pendant le voyage, je n'éprouvai plus qu'un peu de faiblesse et de fatigue.

A Paris, je fis des courses énormes, et sans trop me fatiguer. Je pus suivre la procession à Montmartre, à travers les matériaux encombrants des constructions. En arrivant à la gare d'Hagondange, mes parents et tous les employés du chemin de fer demeurèrent comme interdits, en me voyant sauter à bas de mon wagon et monter en voiture sans le secours de personne.

Maintenant, voilà près de deux mois que j'ai quitté Lourdes, et mes forces sont considérablement augmentées. Aussitôt après mon retour, j'ai repris la vie animée que je menais avant ma maladie; je puis rester levée toute la journée, je vais et viens dans la maison, m'occupant de tout. J'assiste avec bonheur aux offices, et puis supporter sans souffrir la présence de n'importe qui. Je vais au loin rendre des visites aux personnes qui s'intéressent à moi. Je ne souffre plus de ma jambe gauche qui a retrouvé ce qu'elle avait perdu, car elle était beaucoup plus maigre et plus faible que la droite. Je ne boîte plus en marchant, parfois même je cours. Comme mon appétit grandit tous les jours, et que je supporte tous les aliments, gras ou maigres, j'espère que sous peu, je serai aussi forte que si je n'avais pas été malade.

En attendant, je ne souffre plus, j'en bénis N.-D. de Lourdes et publie partout sa bonté et sa puissance.

Oui, gloire et louange toujours et partout à Notre-Dame de Lourdes!　　　　　CAROLINE DE FRANCHESSIN.

Talange 12 Octobre 1881.

M. Collin, curé de Talange, écrit à son tour:

« Il n'est pas besoin de certificat de la Faculté pour

constater que notre malade est guérie. Elle, sa famille, et l'on pourrait dire tout le monde ici, attribuent cette guérison à la Sainte Vierge. Aussi, la dévotion à N.-D. de Lourdes est-elle bien grande dans le pays, qui a été religieusement impressionné à la nouvelle de cette faveur. Mlle de Franchessin est tellement convaincue de la bonté et de la puissance de N.-D. de Lourdes, qu'elle ne fait rien sans le recommander à la Vierge Immaculée, et qu'elle exhorte toutes les personnes qui lui parlent, à prier tous les jours N.-D. de Lourdes (13 octobre). »

M. l'abbé Collin écrivait de nouveau le 20 octobre :

« M. Georges Giry de Talange, qui avait porté Mlle de Franchessin et traîné sa petite voiture pendant tout le trajet de l'aller, vient de mourir tout rempli du souvenir et des impressions de son pèlerinage ; sa mort est un deuil pour toute la paroisse, tant il est vrai que le chrétien qui affirme hautement sa foi et qui ne craint point de pratiquer sa religion, attire sur lui l'estime et l'affection de tout le monde.

« Il est tombé malade un mois après son retour de Lourdes, et quand il s'est aperçu de la gravité de son état, il m'a dit ces paroles pleines de foi : « Si seulement j'étais resté à Lourdes pour y mourir. » Il a quitté la terre pour le grand pèlerinage, et la Sainte Vierge a dû venir au devant de lui et le présenter à son Fils en disant : C'est un de mes pèlerins. Cette pensée a été traduite par la pieuse idée que ses parents ont eue de le revêtir en l'ensevelissant de tous ses insignes de pèlerin : sa petite croix rouge, son Sacré-Cœur et son grand chapelet.

« Il a beaucoup vécu, et pourtant il est mort à 35 ans.

« COLLIN,
« *Curé de Talange.* »

V

MADEMOISELLE ROSE RENARD
Rosières-aux-Salines (Meurthe-et-Moselle).

Mademoiselle Rose Renard est née en 1853 à Rosières-aux-Salines (Meurthe-et-Moselle.) Elle avait déjà fait l'an dernier le pèlerinage de Lourdes, et en était revenue avec une amélioration qui était une guérison partielle. Elle écrivait le 30 octobre (*Relation des Guérisons obtenues par les Malades du Pèlerinage lorrain de 1880*) : « J'avais parfois des « contractions nerveuses tellement fortes dans les membres, « que, quand elles me prenaient dans les mains, je ne pouvais « plus m'en servir du tout, pas même pour m'habiller ; et, « quand c'était dans la figure, je ne pouvais articuler aucun « mot. Et, depuis que je suis revenue (de Lourdes), je n'en ai « ressenti aucune. »

Cette année, lorsqu'elle demanda, le 26 juillet, à faire de nouveau le pèlerinage comme malade du Salut, elle envoya le certificat médical suivant :

« Je soussigné, docteur en médecine, demeurant à Ro-« sières-aux-Salines, certifie que la nommée Rose Renard, « âgée de 28 ans, habitant la dite commune, est atteinte de « nervosisme chronique ; elle a eu des vomissements de « sang ; et, en ce moment, elle ne prend absolument que « du sucre blanc et de l'eau pure. Faiblesse extrême.

« D^r. CHRÉTIEN.

« Rosières, 26 juillet 1881. »

Elle-même va raconter les phases de sa maladie avec les circonstances de sa guérison :

C'est en 1870 que j'ai commencé à être malade. J'ai d'abord eu de violents maux de tête qui ne m'ont jamais quittée, ni la nuit ni le jour, excepté la première année, que j'ai eu les nuits bonnes ; et à partir de 1872, je n'ai plus eu de sommeil. Il a résisté même aux plus fortes doses d'opium. Mais, en 1871, à la suite des maux de tête est arrivé le manque d'appétit. Le docteur ayant été consulté a répondu que ce ne serait rien, que c'était simplement l'effet du printemps. Il avait dit vrai : au bout de cinq ou six semaines, l'appétit est revenu. L'année suivante (1872), le manque d'appétit est encore venu ; mais il a duré déjà plus longtemps que l'année précédente (environ trois mois) ; et, l'année d'après, l'appétit ne m'est revenu que pour un mois, du mois d'octobre au mois de novembre ; puis il a disparu complétement pour ne plus revenir.

Depuis ce moment, les remèdes les plus énergiques ont été employés ; mais rien n'a pu vaincre le dégoût que j'avais de la nourriture. Je ne pouvais même plus en entendre parler. Je ne faisais que deux repas par jour, à midi et le soir, et, pour chacun d'eux, je prenais ou un biscuit tout seul, ou quelques cuillerées de bouillon, sans pain et sans vin. Maintenant il arrivait que, pendant un certain temps, deux ou trois mois et quelquefois plus, je vomissais encore le peu de nourriture que je prenais, et même très-souvent du sang.

Le docteur a employé tous les apéritifs possibles ainsi que des fortifiants, et en même temps il me donnait des remèdes pour faire cesser le vomissement. Mais le mal a résisté à tout.

J'allais et venais encore dans la maison, sans toutefois pouvoir faire aucun travail, à cause de mon mal de tête. C'est ce qui me peinait beaucoup. Car, étant orpheline, j'étais à la charge d'une demoiselle déjà âgée, qui m'avait prise à l'âge de sept ans, et, malgré son peu de fortune, n'a jamais consenti à me renvoyer, me prodiguant au contraire tous les soins qu'une mère peut avoir pour son enfant.

En 1878, j'ai dû garder le lit pendant un an. J'ai eu de très-fortes crises nerveuses ; il fallait quelquefois trois ou quatre personnes pour me tenir. J'avais aussi des contractures (état de rigidité) dans les membres ainsi que dans la figure. Ces contractures n'ont plus reparu depuis que j'ai eu le bonheur de faire mon premier pèlerinage à Lourdes en 1880.

Aussi, en remerciant N.-D. de Lourdes de cette grande faveur, je la priais de m'en accorder encore une plus grande, celle de pouvoir retourner de nouveau à sa Grotte l'année suivante. Car j'étais persuadée que, si j'avais ce bonheur, je reviendrais tout-à-fait guérie. Mais, depuis le mois de janvier 1881, j'ai commencé par avoir des battements de cœur, ensuite la fièvre froide continuellement ; puis, les vomissements ayant repris plus fort que jamais, j'ai senti le peu de force que j'avais encore, diminuer sensiblement. Je ne pouvais plus prendre que quelques bouts de sucre et un peu d'eau. C'était là toute ma nourriture; aussi, à partir du 15 mai, j'ai dû être alitée complétement et n'ai quitté mon lit que pour aller à Lourdes. J'avais très-fréquemment des vomissements de sang, et en assez grande quantité. J'étais tellement faible, qu'on ne m'entendait plus parler. J'avais même très-souvent des faiblesses dans mon lit, et cela, sans faire le moindre mouvement. Je n'avais absolument que le souffle. L'anémie était complète. Que de personnes disaient, en venant me voir, que je n'irais pas loin; et, quand on a su que j'allais partir pour Lourdes, on disait hautement que c'était une imprudence, et que sûrement je n'arriverais pas jusque là. Aussi avait-on cherché à m'en détourner, à cause de la grande fatigue du voyage. Mais, quel chemin ne ferait-on pas, quelque loin qu'en soit le but, quand on sait qu'on y trouvera sa guérison? et je l'espérais de *Notre-Dame de Lourdes.*

Voilà le triste état dans lequel je suis partie à Lourdes, le 16 août dernier. La veille, jour de l'Assomption, M. l'abbé est venu m'apporter la sainte Communion, afin de me préparer au beau pèlerinage que j'allais entreprendre, et surtout afin de me fortifier.

Pour ce qui est du voyage, je l'ai supporté avec beaucoup de souffrance et de fatigue, cela va sans dire; mais cependant moins mal encore qu'on aurait pu le craindre avec une aussi grande faiblesse, attendu que, pour toute nourriture jusqu'à Lourdes, je n'ai pris que trois ou quatre petits bouts de sucre, pas davantage.

De Paray-le-Monial à Lourdes, j'ai eu une très-forte fièvre, qui s'est maintenue toute la journée d'arrivée. Néanmoins, en arrivant à Lourdes, c'est-à-dire le vendredi vers midi et demi, j'ai voulu commencer par y recevoir la très-sainte Communion, puis, me disposer à entrer dans la piscine; mais je n'ai pas pu le premier jour, tant il y avait de monde. Ce n'est que le lendemain que j'ai pu y entrer. Quand j'en suis sortie, on m'a conduite devant la Grotte pour y communier ; puis après, on m'a donné quelques cuillerées de bouillon que j'ai pris sans appétit, mais cependant sans trop de dégoût. Je ne l'ai point vomi. Le soir, on a encore recommencé à me donner quelques cuillerées de bouillon, que je n'ai point vomi non plus. C'était déjà une grande amélioration. Le lendemain, qui était le dimanche, j'ai encore eu le bonheur de pouvoir faire la sainte Communion ; mais il y avait tant de monde près des piscines que je n'ai pu avoir de billet le matin. Ce n'est que l'après-midi, vers trois heures, que j'y suis entrée. Quand j'en suis sortie, en me rendant devant la Grotte, je me suis sentie beaucoup plus forte, et j'ai également senti le besoin de manger, ce qui ne m'était pas arrivé depuis plus de huit ans. J'ai pris un bon bol de bouillon, que j'ai trouvé excellent : et, ce qui est à remarquer, c'est qu'auparavant, depuis que je ne mangeais plus, tout ce qu'on pouvait me donner, c'était comme si j'avais mangé de la terre.

J'ai pris aussi des pêches et un peu plus tard, du chocolat. J'ai parfaitement digéré tout cela, sans le moindre malaise, et, à dater de ce moment, les maux de tête que j'avais depuis dix ans sont tout à fait disparus, et l'appétit est revenu complétement, ainsi que le sommeil, que je n'avais plus depuis neuf ans. En un mot, je ne ressens plus rien de toutes mes souffrances.

A Paris, j'ai pu sans fatigue aller remercier le Sacré Cœur de Jésus à Montmartre, puis me rendre le lendemain à N.-D. des Victoires et à l'église Notre-Dame, où nous avons eu le bonheur de baiser les précieuses reliques de la Passion de Notre-Seigneur.

Oh ! que de reconnaissance et d'actions de grâces ne dois-je pas à notre bonne Mère N.-D. de Lourdes pour tant de bienfaits que j'ai reçus ! Je voudrais pouvoir les publier partout pour sa plus grande gloire.

Maintenant il ne me reste plus qu'à remercier le Comité

de N.-D. du Salut de la grande faveur qu'il m'a faite d'avoir pu encore, cette année, faire partie du beau et touchant pèlerinage de Lourdes.

Il fait si bon prier devant la Grotte, qu'on n'aurait plus qu'un seul désir, celui d'y rester toujours A plus forte raison quand on a été aussi privilégiée que je l'ai été par la très-sainte Vierge.

Oh! que cette bonne mère veuille bien m'accorder la grâce de lui rester toujours fidèle et de bien profiter de la santé qu'elle m'a rendue. C'est du moins ce que je lui demande et lui demanderai toute ma vie.

Mlle Rose Renard accompagne l'envoi de sa relation de celui de cet autre certificat de guérison, qu'elle a obtenu de son médecin.

« Je soussigné, docteur en médecine, certifie que Made-
« moiselle Rose Renard, de Rosières-aux-Salines, atteinte
« de névrosisme chronique, caractérisé principalement par
« des douleurs de tête et de la gastralgie, est en ce moment
« dans un état de santé très-satisfaisant. »

« Dr CHRÉTIEN.

« 3 octobre 1881. »

VI

MADEMOISELLE ROSALIE ROBERT
Laneuvelotte, près Nancy.

Laneuvelotte, le 7 octobre 1881.

A l'âge de 17 ans, j'ai eu le flux de sang, j'ai été malade très-longtemps de cette maladie, j'ai eu des abcès froids; on a consulté M. Grandjean, docteur à Nancy; je les ai eus pendant trois ans à la figure; jamais ils n'ont percé; quand ils ont disparu, j'ai été très-malade. On a fait venir un autre médecin ; je ne me rappelle pas son ordonnance ; la maladie devenait très-grave ; pour un moment, je ne voyais presque plus, pour l'ouïe la même chose, encore pour le parler. Après, je suis devenue sans pouvoir me mouvoir que très-péniblement. Tout mon corps fourmillait toujours, et il devenait très-raide. On retourna auprès du premier médecin ; il me fit poser des ventouses, deux rangées sur le dos, prescrivit des grands bains salés chaque deux jours, des bains de vapeur, des graines de genièvre, du vin de quinquina et des tisanes. Je passai tout l'été dans cet état, après quoi je repris des forces.

Mon plus grand désir avant, pendant et après ma maladie, était de me faire religieuse. J'entrai donc deux ans après au couvent, à la Doctrine. Seulement, il restait encore un peu de fourmillement. Je n'y prenais aucune attention.

Sur la fin de l'année, je fis une chute, et ma maladie revint ; mes jambes enflèrent et se remplirent de bosses ; je retournai chez nous aux vacances ; pour la rentrée, j'étais mieux ; je rentrai au couvent quelques mois après ; puis je devins plus mal ; on consulta le médecin de la maison, qui demanda quel traitement M. Grandjean m'avait fait suivre. Il le fit continuer, excepté les ventouses qu'il remplaça par un vésicatoire. Il ajouta en plus de l'huile de foie de morue, des pilules, du vin antiscorbutique et du fer. On m'envoya chez nous en convalescence le reste de l'année. A la rentrée, je rentrai de nouveau ; mais au bout de huit jours, j'étais retombée à ne plus sortir du lit. On me retint quelques semaines, puis on écrivit à mes parents de venir me chercher définitivement. Après quelques semaines, je pus quitter le lit. On consulta de nouveau M. Grandjean, qui me fit suivre son premier traitement, excepté les ventouses et les bains de vapeur, et entretenir le vésicatoire. Au lieu de guérir, je devenais plus malade ; on fut obligé de laisser tout remède de côté, sans quoi je ne serais plus sortie du lit.

Il y a de cela douze ans ; depuis ce temps, je ne suis pas

sortie de la maison. M. le curé était obligé de m'apporter les sacrements. Je marchais encore un peu, mais très-péniblement; quand je le faisais, j'étais prise d'une très-grande faiblesse et mes membres devenaient comme de la laine et fourmillaient de suite.

Depuis dix ans, j'ai éprouvé en plus des crises de nerfs. Après plusieurs années, je fis venir un autre médecin, qui m'ordonna une solution et du fer. Je fus obligée aussi de discontinuer. Tous les ans pendant l'année, je devenais plus malade, et plusieurs fois on crut que je n'en reviendrais pas.

Pendant tout ce temps, j'ai essayé deux ou trois fois de me traîner jusqu'à l'église, et chaque fois on m'a ramenée plus morte que vive.

Depuis dix ans que j'avais lu le livre des Apparitions de N.-D. de Lourdes à Bernadette, j'aurais bien voulu pouvoir aller à Lourdes ; mais je n'avais pas les moyens de le faire, et je n'y pensai plus jusqu'à l'année dernière ; quand je sus qu'il y avait un pèlerinage lorrain et qu'il se chargeait des malades, alors j'y pensai de nouveau, et puis M. le curé, qui m'en parla de son côté. Je demandai de suite s'il y en aurait un cette année, et ayant reçu réponse que oui, je m'y préparai depuis le mois de février, par des neuvaines continuelles à N.-D. de Lourdes et au Sacré-Cœur de Jésus, en buvant de l'eau de la Grotte.

Pendant l'année cependant, je fis venir encore un médecin ; il essaya de me faire frotter sur le dos avec je ne sais quel liquide, et puis me fit prendre des pilules. Je devins si malade qu'on fut obligé de discontinuer, je ne serais plus sortie du lit ; j'avais les jambes tellement faibles et raides que j'aurais préféré parfois les avoir coupées, tant la faiblesse et la raideur me faisaient souffrir. Ce médecin ne veut pas être nommé dans les guérisons.

Je me suis dit alors : il n'y a que N.-D. de Lourdes qui peut me guérir, je me suis abandonnée à elle tout entière et c'est dans cet abandon que j'ai fait le pèlerinage. Ma con-

fiance était entière et absolue; depuis douze ans je ne mettais que des pantoufles; mes jambes n'étaient pas assez fortes
pour porter des souliers. Avant de partir, je m'en suis fait ache-
ter une paire pour mettre à Lourdes quand je serais guérie.

Quelques semaines avant mon départ, M. le Curé me
disait: « Je ne vous y engage pas; je ne vous en empêche
pas; mais pour vous, Rosalie, aller à Lourdes, avec votre
état de faiblesse, il faut un miracle; il n'y a pas de milieu,
c'est la vie ou la mort; vous reviendrez guérie ou entre
quatre planches. » Je répondis: « N'importe, Monsieur le
Curé, le cercueil serait ouvert à mes pieds, je ne reculerais
pas d'un seul pas. » Plus on aurait voulu m'en détourner,
plus mon désir et ma confiance étaient grands. Je peux le
raconter sans hésiter, je disais: « J'irai au prix de tous les
sacrifices. » .

Personne ne savait mon projet au village, c'était un secret.
On ne l'apprit que la veille de mon départ. Là-dessus, les
uns disaient: elle mourra; d'autres: elle guérira. « Je lui
garde une place de banc pour quand elle reviendra, » disait
le receveur de fabrique; d'autres encore, à moi-même:
« Mais vous êtes folle, vous ne reviendrez pas. » Je leur
répondais: « Vous verrez. » D'autres enfin: « Il ne se fait
jamais de miracles par ici; c'est toujours bien loin. »

Le jour du départ arrivé, on me conduit à la gare de Laître-
sous-Amance. Mon beau-frère m'y accompagne pour me
mettre dans le train. Arrivée à Nancy avec ma sœur, les
employés du chemin de fer me conduisent sur une petite
voiture devant la salle d'attente, puis, me mettant sur un
fauteuil, me portent à deux dans la salle. Là, je trouve les
sœurs de M. l'abbé Wassereau, aumônier de l'hôpital Saint-
Charles de Nancy, qui, quoique ne me connaissant pas,
me voyant si malade, se sont intéressées à moi, et ont beaucoup prié pour moi afin que la Sainte Vierge me guérisse. Le
moment de monter dans le train arrive, Mlle Thomassin de
Nancy et une religieuse, se croisant les bras, m'emportent
dans mon wagon de 3e classe.

A Paray-le-Monial, je suis bien plus mal qu'en sortant de chez nous; on me porte du train à la Basilique. Je ne puis faire un seul pas, sans être portée partout, et à la Basilique, pendant le sermon des Vêpres, je suis prise d'une crise de nerfs; mais ce n'était rien en comparaison de celles que j'avais à la maison.

Le lendemain et pendant tout le trajet de Paray à Lourdes, j'avais perdu la voix; je ne pouvais plus parler que très-bas, à peine si l'on entendait ce que je disais et ce n'était pas sans souffrir.

Arrivée à Tarbes, je n'avais plus de respiration; si je n'avais pas eu de confiance, j'aurais cru que je n'arriverais pas. Oh! comme je priais la Sainte Vierge, non pas par des paroles, je ne pouvais plus, mais du plus profond de mon cœur, pour que j'arrive au but du pèlerinage!

Arrivée à Lourdes, on me descend du train, on m'emporte sur un brancard à l'hospice municipal; on vient me chercher de là vers les trois heures, sur une voiture, pour me conduire à la piscine. Les dames, comme j'entrais, portaient plonger une malade. Quand cette malade est sortie, les dames viennent demander qui veut être plongée. Je leur fais signe : moi! Elles viennent, m'emportent, me demandent si j'ai la foi, la confiance, je leur fais signe que oui; s'il faut ôter mon scapulaire et ma médaille; je leur fais signe que non. Elles disent alors : elle a la foi, plongeons-la. Elles me déshabillent et me glissent dans la piscine. Mais pour dire ce que j'ai ressenti, je ne le puis pas. Je suis devenue si malade, que si je n'avais pas eu de confiance, j'aurais cru que je mourais! Cela dura encore assez longtemps. Quand je suis redevenue mieux, j'ai senti que l'eau était douce, et je me suis aperçue que je récitais les prières à haute voix avec les dames, tandis qu'auparavant je ne parlais plus que très-bas. Elles dirent : « Je crois qu'il est temps de la sortir. » Ne me sentant encore point de forces, je demande encore un *Ave.* « Récitons-le, puisqu'elle le demande, » dirent-elles. Oh! comme je suppliais en ce moment la Sainte Vierge qu'elle me guérit ! Je crois qu'on n'a pas achevé l'*Ave;* je me suis sentie comme poussée, et je me suis écriée : « Je suis guérie. »

Je me suis jetée à genoux pour remercier la Sainte Vierge; je suis retournée dans l'eau y plonger ma tête; je me suis rejetée à genoux de nouveau. J'ai été conduite à la Grotte, mais je n'ai pas vu comment, j'étais trop contente; aussi que j'ai chanté un bon *Magnificat,* et d'une voix forte, ce que je n'aurais pas fait auparavant !

Après ma guérison, j'ai suivi à Lourdes tous les exercices, excepté la procession aux flambeaux; de même à Paris. Je montais et descendais les escaliers, ce que je n'avais pu faire depuis douze ans, et cela sans éprouver aucune fatigue. Au retour, point de fatigue non plus pendant le voyage.

A mon arrivée à Nancy, mes sœurs, les Demoiselles Wassereau, Mlle Thomassin, étaient toutes à la gare, qui m'attendaient bien contentes; elles m'ont conduites partout à Nancy faire des visites : à l'hôpital Saint-Charles, aux Dames de la Retraite, à la Doctrine, à l'hospice S¹ Stanislas, chez une dame qui disait à ma sœur avant mon départ : « Laissez-la, si ce sont ses dernières volontés; mais pour moi je n'ai pas de confiance. » Quand cette dame m'a vue, elle disait cette fois : « C'est vraiment un miracle. » Je l'ai revue depuis : « Regardez, disait-elle aux autres dames qui étaient avec elle, voilà une personne qui a été guérie à Lourdes; c'est vraiment un miracle. »

A Laneuvelotte, on m'attendait. Dès trois heures, il y avait beaucoup de monde sur le chemin pour me voir revenir; entre autres, un homme qui avait soutenu que je ne reviendrais pas; quand il eut appris ma guérison : « Je le croirai, disait-il, quand je le verrai. » Il avait regardé tout l'après-midi pour me voir passer, mais je ne suis rentrée qu'à la nuit. Maintenant qu'il m'a vue, il se met dans ma position, ne pouvant presque pas marcher; « à présent, dit-il, elle court comme un lièvre, c'est vraiment un prodige. » Lorsque je suis rentrée, à la nuit, il y avait encore du monde qui m'attendait ; quelques-uns même pleuraient. Nous avons été obligés de fermer notre porte, je crois que je n'aurais pu aller me coucher.

Quand nous étions en route pour revenir, M. le Curé disait : « J'attendais plutôt une lettre de mort qu'une de guérison. » Il n'y avait pas que lui pour parler ainsi, mais presque toutes les personnes de la paroisse qui m'avaient vue.

Beaucoup se proposent d'aller à Lourdes, l'année prochaine : des estropiés et des personnes en bonne santé. Dans le nombre, il y en a qui ne sont chrétiens que de nom ; il y en a aussi des villages voisins, qui m'avaient vue plusieurs fois dans le cours de cette année telle que j'étais, bien souffrante, et souvent si faible que je ne pouvais me porter. Ils disent bien haut et soutiennent aux personnes qui ne m'avaient pas vue, qu'un miracle seul a pu me guérir. Ceux-là ne croyaient pas aux miracles ; mais maintenant, ils croient et ils disent : « Nous croyons, parce que nous avons vu. » Beaucoup de personnes viennent me voir. M. le comte de Bizemon, maire de la commune, est venu les premiers jours après mon retour ; il était avec ses enfants et plusieurs membres de sa famille, en tout six ; ils étaient contents de me voir et de m'entendre ; ils disaient qu'ils se croyaient à Lourdes. Quand nous sommes allés leur rendre leur visite, avec notre sœur d'école accompagnée de trois de ses élèves maintenant religieuses à la Doctrine, ils disaient à cette bonne sœur : « C'est un miracle. » « Oui, disait-elle, à la moindre émotion, elle avait des crises, maintenant rien ne lui en donne. » Parmi les visiteurs, il y en a qui m'ont vue malade. « C'est pour voir la réalité de ma guérison, avouent-ils, et pour pouvoir l'attester. » Ils sont contents, ajoutent-ils, que la Sainte Vierge abaisse ainsi ses regards sur la Lorraine. D'autres sont des infirmes que MM. les Curés envoient, leur disant : Soyez vous-mêmes témoins de sa guérison.

On ne peut encore en revenir de me voir si bien marcher et si bien portante avec une si bonne figure; on me trouve rajeunie de quinze ans. Quelques-unes de mes amies m'ont fait cette confidence : « Nous ne craignons plus de vous le dire, maintenant que vous êtes guérie : voilà deux ans que nous préparions nos robes noires pour vous. Que de distractions vous nous donnez quand nous vous voyons aux offices. »

Je me porte toujours très-bien. L'autre jour, je suis allée à la campagne de la Doctrine de Nancy. Les chères sœurs ne pouvaient revenir de leur étonnement en me voyant si bien marcher. « On croit, disaient-elles, mais quand on voit c'est encore mieux. » Quelques jours après, je suis allée à Nancy à pied, je n'ai mis qu'une heure trente-cinq minutes pour faire neuf kilomètres, et j'ai encore beaucoup trotté dans la ville, sans fatigue.

Je me suis abandonnée tout entière à la Sainte Vierge pour aller à Lourdes; maintenant, il en est de même.

Priez bien pour moi, s'il vous plaît; je serais une ingrate, si je ne le faisais pas de mon côté pour mes bienfaiteurs.

Votre reconnaissante et dévouée,

R. ROBERT.

VII

Sœur Césarie MOUROT

Thiébauménil (Meurthe-et-Moselle).

Thiébauménil, le 12 Octobre 1881.

C'est avec bonheur que je m'empresse de vous donner les détails que vous daignez me demander concernant ma maladie et ma guérison.

Pendant le mois de juin, j'étais atteinte d'une maladie d'intestins qui me faisait beaucoup souffrir; (cette maladie à un autre nom, que je m'abstiens de nommer ;) après avoir pris tous les remèdes possibles, ma position au lieu de s'améliorer me mettait en danger, si bien que M. le docteur voulut me soumettre à une opération à laquelle je ne voulus jamais consentir, préférant mille fois mourir.

Dans cette circonstance, j'écrivis à nos bons supérieurs pour leur demander la permission de promettre à la Sainte Vierge d'aller à Lourdes, si elle me guérissait ; ayant obtenu ce que je demandais, j'accomplis ma promesse. Une heure ne s'était pas écoulée, que j'étais complétement guérie.

Depuis plus d'un an, j'avais une affection de poitrine, qui augmentait de jour en jour. Depuis le mois de juin, je ne prenais presque plus de nourriture, mon estomac ne pouvant en digérer aucune sans de violentes douleurs ; je fus même plusieurs semaines ne prenant d'aliments qu'une fois par jour et en très-petite quantité.

Je mis de côté les médicaments ordonnés par le docteur, qui me soignait comme poitrinaire ; je partis pour la Grotte bénie, n'ayant espoir de guérison qu'en Marie, ma bonne Mère.

Pendant le voyage, je fus encore plus malade qu'à l'ordinaire. Arrivée à Lourdes à trois heures du soir, j'eus le bonheur de pouvoir entrer à la piscine à cinq heures.

Comme c'était une maladie de poitrine, je n'aurais pu constater une guérison complète sur le moment ; alors j'ai demandé à la Sainte Vierge de me donner une preuve confirmant ma guérison.

A peine y avait-il cinq minutes que j'étais dans l'eau miraculeuse, récitant le *Souvenez-vous*, que je sentis un saisissement extraordinaire qui me fit connaître que ma bonne Mère avait exaucé l'humble prière de son enfant.

Sortant aussitôt de la piscine, je courus à la Grotte chérie remercier N.-D. de Lourdes de la nouvelle faveur qu'elle venait de m'accorder. Enfin, à six heures, je rejoignis les personnes de ma connaissance pour aller prendre notre repas ; j'avais un appétit comme si jamais je n'avais été

malade. Je puis vous assurer que ma santé est complètement rétablie, au grand étonnement des personnes qui
m'ont vue avant mon départ; car beaucoup craignaient pour
moi en me voyant partir et me détournaient même de faire
ce voyage.

Veuillez, je vous prie, vous unir à moi pour remercier
N.-D. de Lourdes des faveurs signalées qu'elle a daigné
m'accorder. De grand cœur, je vous donne la liberté de les
faire connaître à toutes les personnes qui le désirent avec
mon nom.

Daignez agréer, l'hommage de mon profond respect.

MOUROT MARIE-CLÉMENTINE,
En religion Sœur Césarie.

VIII

MADEMOISELLE ÉMÉLIE HEITZ
Metz.

Metz, le 25 août 1881.

J'avais depuis deux ans une maladie d'yeux. Mes parents
m'ont fait soigner par les médecins pendant un an. J'ai
souffert beaucoup. J'avais à l'œil droit une tache blanche
telle que je n'étais pas capable de lire une lettre. Le
deuxième jour que j'étais à Lourdes, après m'être lavée les
yeux aux robinets de la piscine, et sans avoir rien senti, j'ai
pris mon livre de messe pour prier, et je me suis aperçue
aussitôt que j'étais guérie. Je pouvais lire comme si jamais
je n'avais rien eu. Quel bonheur pour moi ! Quel plaisir de
voir clair pour retourner chez mes parents !

A l'honneur de Notre-Dame de Lourdes et pour la vérité,
je m'empresse de délivrer le présent certificat au comité du
pèlerinage.

ÉMÉLIE HEITZ.

Dans une deuxième lettre, datée du 2 octobre, Mlle Heitz écrit : « Je suis entièrement guérie jusqu'à ce jour, et j'en remercie la Vierge du Salut, Notre-Dame de Lourdes, qui a bien voulu me guérir. »

M. Heitz Fridolin, employé à la régie de Metz, joint son attestation à celle de sa fille. M. l'abbé Chevreux, catéchiste de l'enfant, atteste à son tour l'existence de la tache et la perte de la vue de cet œil. Il ajoute : « Voyant la tendre dévotion de cette enfant envers la Sainte Vierge, je l'ai engagée à prier constamment cette bonne Mère et à se laver l'œil avec de l'eau miraculeuse de Lourdes, ce qu'elle a fait longtemps. »

Une personne charitable, mademoiselle de Lacarterie, enfant de Marie, qui avait cédé à Mlle Heitz son propre billet, la veille même du départ, donne les détails suivants :

« Je viens, pour la plus grande gloire de notre bonne Mère de Lourdes, certifier, qu'Emélie Heitz, âgée de douze ans, native de l'Alsace et habitant Metz depuis trois ans, avait sur l'œil droit une grande tache blanche qui l'empêchait de voir. Cette tache, au lieu de s'améliorer, devenait toujours plus forte. Ses parents avaient fait tous les sacrifices pour la faire soigner et rien n'avait réussi. En dernier lieu, le médecin avait dit qu'il fallait une opération, mais qu'il ne répondait de rien. Le père de l'enfant se refusa à cette opération, dans la crainte qu'elle ne compromît le bon œil, et les choses en restèrent là.....

« Voyant combien ces pauvres parents étaient dans la désolation, ainsi que cette chère enfant, nous avons eu la pensée de la faire partir pour Lourdes, avec la ferme espérance que notre bonne Mère la guérirait.....

« La piété, la bonne conduite et la grande dévotion de cette enfant envers la très-sainte Vierge nous faisaient espérer un miracle...., et notre bonne Mère du ciel a daigné exaucer nos vœux !.....

« Je ne puis dire ce que j'ai éprouvé en revoyant cette chère petite !... En lui ouvrant la porte, je me suis écriée : « Tu n'as plus de tache... » Et l'heureuse enfant de me dire :

« Je suis guérie... » Exprimer ce que j'ai ressenti en ce moment, n'est pas possible... Je ne savais comment remercier la très-sainte Vierge de la si grande grâce qu'elle venait de faire à cette enfant et à nous en même temps... Depuis le retour de cette si bonne enfant, c'est à qui veut la voir et examiner son œil...

« Amour, reconnaisssance et actions de grâces à Notre-Dame de Lourdes.

« BERTHE DE LACARTERIE
« Enfant de Marie. »

Metz, le 31 août 1881.

Enfin, les deux institutrices de l'heureuse pèlerine ont voulu ajouter leurs témoignages à tous ceux qui précèdent, avec de nouveaux détails :

« Je soussignée, institutrice à l'Abbatiale de Metz, certifie qu'Emélie Heitz, âgée de douze ans et fréquentant notre classe, avait, il y a trois ans déjà, l'œil droit tellement faible, qu'elle pouvait à peine distinguer les objets et supporter la lumière un peu vive. Vers le mois de mai 1880, une inflammation s'est déclarée à cet œil et l'enfant a été traitée pendant plusieurs semaines par un oculiste de la ville. Lorsqu'elle a pu revenir en classe, elle avait sur l'œil une tache assez semblable à une goutte de lait et ne voyait plus de cet œil qu'un nuage blanc.

« Au printemps 1881, l'inflammation s'est reproduite aux deux yeux ; seulement l'œil gauche était alors le plus malade.

« Je craignis de voir la pauvre enfant perdre entièrement la vue et je lui dis : « Les médecins de la terre ne peuvent pas vous guérir, recourons aux médecins du ciel. » Nous avons fait une neuvaine à N.-D. de Lourdes. A la fin de cette neuvaine, l'inflammation n'existait plus, mais la tache était restée. J'avais dû dispenser notre petite infirme de tout travail exigeant une forte tension de vue et lui défendre de lire ou d'écrire à la lumière. Les choses en étaient là, quand nous avons obtenu qu'elle fît le pèlerinage de Lourdes. Toutes les personnes qui la connaissaient désiraient la voir guérie ; car, par sa piété, sa simplicité et son application elle avait gagné l'affection de tout son entourage, et, pendant son séjour à Lourdes, bien des prières sont montées vers le ciel, pour demander à la Sainte Vierge un miracle en faveur de l'enfant qui déjà l'aimait tant...

« Je ne puis décrire ma joie et ma reconnaissance, lorsque la rencontrant, le jour même de son retour, elle me dit: « Je suis guérie, je vois !... » Je regardai son œil, et je vis que la tache avait presqu'entièrement disparu. Je lui recommandai de continuer à laver son œil avec de l'eau de Lourdes, en demandant à la Sainte Vierge de faire disparaître, si elle le jugeait à propos, toute trace du mal, ce qu'elle fait. Maintenant, l'enfant voit parfaitement et peut lire avec cet œil à une assez grande distance. Il ne nous reste donc plus qu'à remercier notre bonne Mère de sa protection spéciale et de la prier de continuer cette protection, afin que son enfant privilégiée se montre toujours digne de la grâce signalée qu'elle a reçue. J'ai écrit ces lignes pour la plus grande gloire de N.-D. de Lourdes, et je demande à ceux qui les liront, de s'unir à moi, pour la remercier, la bénir et l'aimer.

« Aurélie LAURENT. »

« Je certifie qu'Emélie Heitz ne voyait pas de l'œil droit. Ayant été à Lourdes, la très-sainte Vierge lui a rendu la lumière.

« L. AUBERTIN, institutrice. »

IX

Mademoiselle Augustine HANZO
Neuf-Moulin, près Lorquin (Meurthe-et-Moselle).

Vous me demandez de rédiger de ma main une relation complète des détails de ma maladie et de ma guérison. La voici:

Orpheline de père depuis 1867, j'ai perdu encore ma mère en 1870. Le jour même de la mort de cette bonne mère, que j'avais soignée pendant les trois mois de sa maladie, je fus prise de crises de nerfs. Ces crises, qui avaient été précédées d'un gros rhume, furent suivies un an après d'une fluxion de poitrine. Jusqu'à ces trois dernières années, elles étaient si violentes, si terribles, que c'était à me jeter contre le poêle, contre les meubles : à me tuer, au témoignage des personnes qui habitent la maison.

Depuis trois ans, à la suite d'une neuvaine, mes crises ont cessé; ou plutôt, c'était moins des crises que des faiblesses. Mais mes poumons se ressentaient du rhume et de la fluxion de poitrine dont j'avais souffert au commencement de ma maladie. Pendant cinq mois de l'année, je ne pouvais quitter la chambre; même pendant le mieux, en été, j'étais plus souffrante après une demi-heure de sortie. Je ne pouvais aller qu'à la messe de onze heures et demie, encore pendant la bonne saison seulement, et quand le temps le permettait.

J'avais perdu tout appétit; même dans les meilleurs moments, je ne savais que manger. Depuis dix ans, je ne pouvais rien supporter d'agrafé sur moi : pas de corset, par conséquent; car, à toutes mes autres maladies s'était jointe une enflure générale du corps, et cette enflure était continuelle.

Pendant cinq ans, je fus soignée par le Dr Lemoine, qui disait que tout au plus j'irais jusqu'à trente ans, mais encore à condition « de ne pas faire d'imprudence. » Pendant cinq ans aussi, le Dr Lorrain de Lorquin, qui est venu habiter Nancy, m'a visitée, d'abord presque tous les jours, puis une fois par semaine. Le certificat qu'il me délivrait le 9 juillet de cette année atteste « qu'il m'avait donné depuis trois ou quatre ans des soins assidus et que j'étais atteinte d'une affection nerveuse qui avait résisté jusqu'alors à tout moyen thérapeutique. » Mes médecins avaient donc employé sur moi tous les remèdes de la science humaine, et aucun n'avait réussi. C'est dans cet état que j'écrivis le 10 juillet aux Directeurs du pèlerinage : « Je suis atteinte depuis dix ans d'une maladie qui est reconnue par plusieurs médecins être inguérissable. N'ayant plus d'espoir dans les remèdes de la terre, je viens vous demander de me mettre au nombre des malades qui réclament le secours de N.-D. de Salut, pour demander non une guérison complète, mais un soulagement à mes maux. »

On essaya de me détourner d'un aussi long voyage, en me montrant toutes sortes d'obstacles; mais rien ne me fit reculer, ni perdre ma confiance: au contraire, plus on me détournait, plus ma confiance augmentait. Tout me disait que Marie me guérirait à Lourdes. Le dévouement des personnes qui nous accompagnaient augmenta encore cette confiance. J'ai été exaucée au delà de mes espérances. Le vendredi 19 août au soir, je fus conduite à la Grotte en voiture; j'entrai à la piscine au moment où Louise Colin en sortait guérie. « Elle est guérie, me dis-je, je le serai aussi. » Je fus plongée dans l'eau miraculeuse de la piscine, par ma chère sœur Clémence. C'était vers 4 heures ¾ du soir. J'eus là comme une dernière crise. J'y restai néanmoins environ dix minutes. Lorsque j'en sortis, je me trouvai bien. L'enflure avait disparu subitement. Je me tenais sur mes jambes et je pus marcher seule. J'assistai le soir au commencement de la procession.

J'eus le bonheur d'être baignée une seconde fois le dimanche. Le mieux s'accentua. Chaque soir, j'avais pris part à la procession aux flambeaux; et si je ne l'accompagnais pas jusqu'au bout, ce n'était pas impossibilité ni difficulté de ma part, mais parce que l'heure à laquelle il fallait rentrer au couvent des Sœurs de Nevers, où j'étais logée, ne me le permettait pas.

Je me sentais guérie, bien guérie, et si je ne fis pas alors la déclaration de ma guérison, ce fut à cause de la précipitation de notre départ.

A mon retour à Paris, je suis allée voir ma sœur, Mme Marbaix, qui demeure au Raincy, dans la banlieue. Je l'ai trouvée malade, et j'ai dû rester auprès d'elle pour la soigner. Il me fallait monter et descendre quarante à cinquante fois l'escalier de la maison pendant la journée. Cela, pendant quatre semaines. Malgré toutes ces fatigues ajoutées à celles du voyage, je n'ai plus rien ressenti ni de mes crises ni de mes faiblesses. Mon appétit était excellent; je dormais parfaitement.

Il en est de même depuis que je suis de retour à Nancy. Je mange de toutes sortes de choses que je ne pouvais digérer depuis dix ans. Je dormirais douze heures de suite, si je n'avais à me lever de bonne heure pour travailler.

Je suis et je reste parfaitement bien portante, et je me trouve comme si je revenais au monde. Je suis très-occupée à travailler et très-heureuse aussi de pouvoir faire tous mes petits exercices de piété. Mes forces augmentent de jour en jour, ainsi que ma reconnaissance envers Marie.

Ce n'est pas une fois que je remercie cette bonne Mère dans un jour, mais mille fois. Non, l'impression d'un si beau voyage ne peut jamais s'oublier.

Les personnes qui me connaissent et qui m'ont vue si malade ne peuvent dire qu'une chose : que c'est la Sainte Vierge seule qui m'a guérie; et c'est ce qu'elles répètent toutes les fois qu'elles me voient.

Augustine HANZO.

Nancy, le 4 novembre 1881.

A l'heure où nous mettons sous presse, 10 janvier 1882, toutes ces guérisons persévèrent.

Il nous a été fait part également de plusieurs autres guérisons aussi complètes, obtenues les unes à Lourdes par nos pèlerins de cette année, les autres au retour du pèlerinage par des malades qui se sont empressés de faire usage d'eau rapportée de la Grotte. Mais, ces dernières guérisons n'ayant pas reçu des circonstances où elles ont eu lieu le même degré de notoriété que les précédentes, nous n'avons pas cru devoir publier les récits qui nous en ont été confiés.

PRINCIPALES AMÉLIORATIONS

Pour des raisons bien connues d'Elle seule, mais que nous pouvons deviner, la Vierge Immaculée n'accorde ses guérisons complètes qu'à un petit nombre de privilégiés. Il n'en est pas de même des simples améliorations ou des demi-guérisons. On peut dire de celles-ci qu'Elle les prodigue. La plupart peut-être restent ensevelies dans le secret de ceux qui en ont été favorisés et qui se contentent d'en rendre grâces en silence. Et cependant la liste de celles qui nous sont connues et que nous pourrions mentionner ici, atteint pour ce seul pèlerinage le chiffre de *soixante*, parmi lesquelles plusieurs ressemblent à des guérisons véritables. Nous ne rapporterons que les principales, qui feront voir avec quelle sagesse Marie proportionne la distribution de ses bienfaits temporels aux besoins de nos âmes.

X. — Adeline PEUTOT, veuve Payot, de Dommartin-aux-Bois (Vosges), était atteinte, depuis quatre ans, d'une maladie dont ses médecins n'ont jamais voulu lui révéler le nom, mais qui lui occasionnait fréquemment des crises très-violentes, des douleurs d'estomac, des douleurs nerveuses, et la rendait incapable, même pendant les moments de relâche, non-seulement de travailler, mais encore de s'occuper du soin de son ménage ou de celui de ses enfants. Elle fut soignée par deux médecins de Mirecourt qui ne lui donnèrent point d'espoir : l'un deux lui avait dit qu'elle était perdue, l'autre qu'il ne pouvait la guérir. Elle excitait la pitié de tous ceux qui la voyaient dans ses crises. Conduite à Lourdes par une dame charitable des environs de Dompaire, elle en revint avec les mêmes souffrances, mais on l'exhorta à la confiance, en lui représentant que la Sainte Vierge avait voulu sans doute mettre sa foi à l'épreuve. Elle persévéra dans la prière avec ses enfants et ses amis. Sa persévérance fut récompensée, car, au bout de quelques jours, elle était totalement délivrée et de ses souffrances et de ses crises, dont elle n'a plus jamais ressenti aucune trace. De plus, elle est redevenue assez forte pour vaquer aux occupations qui incombent à une mère de famille.

6 janvier.

XI. — Mlle Marguerite THOMASSIN, sœur de M. le curé de Saint-Firmin (Meurthe), âgée de 66 ans, par suite de maladies d'estomac et d'entrailles continuelles depuis 35 ans, était tombée dans une faiblesse telle qu'elle était devenue incapable de toute occupation tant soit peu sérieuse et de temps à autre était obligée de garder le lit pendant des semaines entières. Son estomac ne pouvait supporter le vin ; et, le soir, le café au lait était sa seule nourriture possible. Elle ne pouvait faire 300 mètres à pied ; ni même, sans être épuisée, des voyages de quelques lieues en voiture et en chemin de fer. Depuis son pèlerinage qu'elle a achevé *sans fatigue*, elle se trouve beaucoup plus forte ; elle a fait à pied, à plusieurs reprises et sans être incommodée, des voyages d'une lieue ; elle supporte sans fatigue les voyages en voiture ; elle mange le soir toutes sortes de nourriture et boit du vin à tous les repas ; elle travaille aux choses ordinaires du ménage.

Saint-Firmin, 14 Novembre.

XII. — M. Martin ESSWEIN, né à Haguenau le 13 novembre 1855, après avoir opté pour la France en 1872 à Louviers (Eure), a rempli l'emploi de garçon de salle chez différents restaurateurs à Nancy, à Bar-le-Duc et à Paris, jusqu'au 30 janvier 1880, jour où il tomba malade. Il nous écrit :

« Ma maladie a commencé très-subitement : j'avais éprouvé, la veille au soir, de très-fortes douleurs aux reins, à ne pouvoir dormir. Malgré cette grande souffrance, je me remis au travail en me forçant, pendant deux heures de temps, jusqu'au moment où je sentis, vers neuf heures du matin, d'autres douleurs à la cuisse gauche. En même temps cette jambe fléchissait sous moi et je tombai. Alors seulement je m'aperçus que la jambe droite aussi était entièrement paralysée, à ne pouvoir la remuer. C'était le 2 février. Transporté à l'hôpital Beaujon, salle St-Jean, service de M. Féréol, professeur en médecine, je fus soumis là à un traitement très-énergique. Paralysie des reins formant une ceinture ; paralysie de la jambe droite avec sensibilité excessive ; perte de toute sensibilité au contraire avec affaiblissement du mouvement dans la jambe gauche, qui fléchissait à ne pouvoir soutenir le poids du corps ; douleurs froides dans l'intérieur de la jambe gauche ; secousses très-fortes aux deux jambes ; en même temps constipation très-forte, et diverses autres affections intérieures liées à la destruction du segment de la moëlle, telle était ma maladie, et j'étais, parait-il, un malade très-intéressant dans le service de M. Féréol, qui a constaté que j'étais atteint « d'une *paraplégie complète* comme symptôme et d'une *myélite chronique* comme maladie. »

« J'ai été traité par des ventouses scarifiées aux reins pour soulager mes douleurs, par l'iodure de potassium, par des pointes de fer de feu le long de la colonne vertébrale, par des bains sulfureux, par des capsules d'huile phosphorée ; avec cela repos rigoureux et complet. Au bout de deux mois, j'ai pu me trainer avec un bâton, de sorte que je suis sorti de l'hôpital Beaujon le 31 mars 1880, dans l'espoir que, en me donnant de l'exercice, le mieux continuerait. Il n'a guère continué ; je suis resté au même niveau jusqu'au mois de septembre ; à la moindre fatigue, après une marche de vingt à trente minutes seulement, je n'en pouvais plus, mes jambes tremblaient et les secousses se répétaient en marchant à être obligé de me reposer sans cesse. Pour la constipation et la rétention d'urine, je n'avais senti aucun mieux. A ma sortie de l'hospice, j'ai été soigné par M. Geneste, un des médecins attachés au bureau de bienfaisance du neuvième arrondissement ; ce second traitement consista en bains sulfureux, vin de quinquina, vin de gentiane, huile de foie de morue, sirop d'iodure de fer, frictions avec de l'alcool camphré ; il ne fut suivi d'aucune amélioration. Le Dr Geneste me délivra le 31 août un certificat attestant que j'étais atteint « de paraplégie » et hors d'état de travailler pour vivre.

« Appelé à faire le service des vingt-huit jours, je me présentai au bureau de recrutement, rue Saint-Dominique, 21, où je fus réformé le 4 septembre par MM. Vauthier et Rochet, médecins principaux du gouvernement de Paris « pour paraplégie et myélite chronique. »

« Examinant alors ma triste position, je compris seulement qu'il n'y avait plus de guérison pour moi. Je quittai Paris le 25 octobre pour aller prendre l'air de la campagne à Haguenau, au sein de ma famille, comme on me l'avait conseillé. Là je fus soigné de nouveau par le docteur Hasser, qui, voyant ma triste situation, me dit : « Que voulez-vous que je fasse pour vous? » et me traita à son tour par l'iodure de potassium à très-forte dose et les capsules d'huile phosphorée, sans aucun résultat. Obligé de me soustraire aux autorités prussiennes, après avoir été dénoncé, je me réfugiai à Nancy le 30 décembre 1880, et le 3 janvier j'entrai à l'hôpital Saint-Charles, dans un état de plus en plus faible, faiblesse qui avait commencé à revenir insensiblement à partir du mois de septembre précédent. On m'y traita avec l'iodure de potassium, les bains sulfureux et l'électricité, toujours sans aucune amélioration. Si je me sentais mieux pendant quelques jours, c'était pour retomber après dans la même position ; si bien qu'en dernier lieu les médecins ne faisaient plus attention à moi. J'en vins à trembler des jambes, même étant assis. On m'avait soigné là également pour une *paraplégie* et *myélite* chronique.

« Malgré que j'apprisse de toute part qu'il n'y avait plus de guérison pour moi, j'espérais toujours intérieurement; j'espérai surtout à partir du mois de mars, lorsqu'on m'eut promis de me faire aller à Lourdes. Cependant, je n'étais pas encore bien sûr d'obtenir cette grande faveur; et afin de l'obtenir, je commençai au mois de juillet à prier et à faire des neuvaines en l'honneur de la Sainte Vierge. Je me sentis aussitôt quelque peu soulagé, avec beaucoup de foi et d'espérance, et je répétais dès lors que la Sainte Vierge me tirerait de mon affliction. Grâce au charitable et dévoué

Jules Barry, infirmier à l'hospice, que je ne pourrai jamais assez remercier, j'obtins un billet, et je partis accompagné d'un autre malade de l'hospice, atteint de la moëlle épinière, M. Auguste Maurice, dans le groupe de M. le curé de Pierre.

En ce moment, il m'était tout-à-fait impossible de marcher seul; même avec l'aide de mon bâton j'avais les plus grandes difficultés à faire quelques pas d'une salle à l'autre. Mes reins étaient presqu'entièrement paralysés; ma jambe gauche dépourvue de toute sensibilité; ma jambe droite douée au contraire d'une sensibilité excessive, mais privée de tout mouvement, si bien que pour la déplacer, il me fallait la porter comme une masse. Le voyage fut très-fatigant. Les jambes et les reins n'en pouvaient plus; je souffrais, et je ressentais tous les mêmes symptômes qu'au début.

Arrivé à Lourdes, je fus conduit, appuyé sur deux bras, devant la Grotte, où je priai avec ferveur en versant des larmes. Vers 4 heures du soir, M. le curé de Pierre vint me chercher pour entrer à la piscine, et j'y fus plongé avec l'aide de M. l'abbé Renaud, vicaire de Saint-Sébastien. J'y sentis une grande émotion par tout le corps, et je m'y trouvais si bien que je ne voulais plus en sortir. J'en sortis seul, sans l'aide de personne. De là, j'allai, sans me servir de mon bâton, à la Grotte, où je remerciai mille et mille fois N.-D. de Lourdes, qui était si bonne pour moi. L'amélioration subite que j'avais éprouvée était aussi sensible que générale. La sensibilité de la jambe gauche était revenue; plus de douleurs aux reins; plus de souffrances ni de fatigues; je me courbais facilement pour ramasser un objet par terre. Je pus même assister à la grande procession du soir, sans me servir de mon bâton et sans fatigue. Je retournai une seconde fois à la piscine; et, au sortir, je me sentis encore plus fort.

Cependant, n'étant pas tout-à-fait guéri, je suis rentré à l'hôpital Saint-Charles, à Nancy, où au bout de quatre jours de repos j'ai pu marcher partout *sans bâton*. Plus de traces de la dyssenterie ni des autres affections analogues dont j'ai parlé. Je continue à prier; je persévère à faire des neuvaines; je m'approché tous les dimanches de la Sainte Table. Le mieux que j'ai obtenu a non seulement duré mais encore progressé jusqu'à ce jour: je me sens peu à peu redevenir plus fort. Les muscles atrophiés se reforment; j'espère que cela continuera jusqu'à complète guérison. Depuis le mois de juillet, je n'ai recours à aucun remède qu'à celui de la prière, que je trouve le meilleur. Je me lève de bonne heure, et je me couche assez tard; je fais des commissions et je puis rendre des services à l'un et à l'autre, remplacer les infirmiers, etc. Je résiste aux travaux. Je puis même porter une charge sur mon dos et aux mains. Il n'y a que courir que je ne puis pas encore.

Je remercie mille fois la très-sainte Vierge Marie, à qui je puis dire: « Oui, c'est à vous que je le dois, ma Mère! »

Nancy, le 24 novembre 1881.

XIII. — Emile Bové, Devant-les-Ponts, près Metz. — « C'est avec le plus grand bonheur que je viens vous apprendre ce que la bonne N.-D. de Lourdes m'a accordé. J'étais attaqué de la moëlle épinière, au point que j'avais le menton qui posait sur ma poitrine; le bras gauche pendait à terre, et tout ce côté était paralysé. J'étais presque plié en deux, sans espoir de guérison. Maintenant, je tiens la tête levée, et je la tourne où je veux. Je me sens venir du soulagement tous les jours. Je ne suis pas entièrement guéri. J'ai encore de la faiblesse dans les jambes. Mais la confiance que j'ai en cette bonne Mère et la foi que je mets dans mes prières me donnent espoir qu'à ma deuxième visite N.-D. de Lourdes répandra de nouveau ses grâces sur moi et me guérira parfaitement; et tant que Dieu me laissera sur la terre, je le servirai et l'aimerai.

« J'ai oublié de dire que le médecin m'avait ordonné un corset mécanique pour me soutenir et empêcher ma bosse, qui était très-forte, de grossir. Le corset est arrivé deux jours après mon départ pour Lourdes. Et maintenant je n'en ai plus besoin. Je le porterai l'année prochaine à la Sainte Vierge. »

Dans une autre lettre du 1er octobre : « Je suis heureux de vous dire que je vais toujours bien et que je vis dans l'espoir que cette bonne Mère achèvera son œuvre. Mon médecin est venu me voir. Il m'a visité, et a trouvé un grand changement. Il m'a dit : « Mon ami, vous êtes en voie de grande guérison. »

« Je n'ai plus qu'à prier pour mes Bienfaiteurs, qui ont participé à mon bonheur. »

XIV. — Élisabeth PETITJEAN, Petite-Raon (Vosges), était affligée, depuis l'âge de huit ans, « d'une surdité complète, » d'après le certificat de son médecin. « Maintenant, écrit sa sœur (19 octobre), elle nous entend lorsque nous l'appelons d'une voix ordinaire ; elle entend aussi venir les voitures derrière elle, et nous dit que c'est depuis le moment où elle est sortie de la piscine qu'elle entend de la sorte. Elle parle également de mieux en mieux. Tout le monde en est édifié. Pour nous, nous trouvons en elle un grand changement, aussi grand pour son moral que pour son infirmité. Avant son pèlerinage, elle était toujours d'une humeur maussade et tout à la fois sauvage, ne se laissant aborder par personne ; elle nous faisait beaucoup de peine. Elle est revenue avec un visage rayonnant, et depuis ne montre que des marques de charité pour tous, et d'une reconnaissance sans bornes pour la Mère de Dieu. Elle ne demande qu'une chose, et nous aussi, c'est qu'elle puisse retourner. »

XV. — Mlle Anne BEAUDOIN, de Hayange (Lorraine annexée). « Malade depuis l'âge de six à sept ans, j'étais arrivée, depuis deux ans, à un degré de faiblesse tel que tout travail m'était absolument interdit. La plus légère occupation m'accablait, et rester assise des journées entières était tout ce que je pouvais faire. Je n'aurais même pu supporter un voyage en chemin de fer de dix kilomètres. Ce qui m'affligeait le plus, c'était l'impossibilité d'assister aux offices. A peine étais-je à l'église qu'il me fallait songer à en sortir.

« Les guérisons opérées à Lourdes par l'intercession de la Sainte Vierge, dont j'entendis le récit au mois de mai, me rendirent l'espérance. Je fis une neuvaine. Je bus de l'eau de la Grotte, que mon frère me fit revenir. Les premiers jours se passèrent sans soulagement; et même le huitième il me sembla que mon mal augmentait, mais je ne perdis pourtant pas confiance. Le neuvième jour, fête du Saint Sacrement, un mieux subit se produisit en moi; quelques forces me revinrent sans transition, et je pus à ma grande satisfaction vaquer à différentes occupations auxquelles il m'aurait été complétement impossible de me livrer auparavant. Le Pèlerinage de Lourdes s'organisait en ce moment. Mon plus grand désir était d'en faire partie. J'étais persuadée de rapporter ma guérison. J'obtins un billet, qui m'arriva le jour de l'Assomption seulement, et me causa une joie d'autant plus vive que je désespérais davantage de le recevoir.

« A Lourdes, au moment d'entrer à la piscine, soit les fatigues du voyage, soit l'émotion, je tombai très-malade. J'y entrai cependant, et j'en sortis beaucoup mieux : ma faiblesse était en partie disparue, et je pus continuer les exercices du pèlerinage. Le retour s'effectua avec considérablement moins de peine que l'aller. A Paris, j'assistai à tous les offices, sans ressentir aucune fatigue. A mon arrivée à Hayange, tout le monde fut émerveillé de me voir sans la moindre trace de lassitude sur mon visage. Depuis mon retour, je peux suivre tous les offices sans le moindre inconvénient, faire les marches les plus fatigantes et même exécuter l'ascension d'une colline de la localité, ce à quoi je n'eusse jamais songé auparavant. Je jouis d'un excellent appétit, et puis travailler continuellement. Si je ne suis pas parfaitement guérie, du moins mon état s'est beaucoup amélioré, et ce mieux, nul ne saurait le contester, n'est dû qu'à N.-D. de Lourdes. »

Hayange, 19 octobre 1881.

XVI. — Mlle Julie HUMBERT, de La Vacheresse (Vosges), 43 ans, malade depuis l'âge de 20 ans, gardait presque toujours le lit depuis ces dix dernières années, par suite de douleurs articulaires chroniques, jointes (certificat médical) à « une tumeur fibreuse » intérieure, très-volumineuse, qui lui causait des souffrances affreuses et lui occasionnait des vomissements de sang très-fréquents. « Voyant que les médecins ne pouvaient me soulager, écrit-elle, je me suis adressée à N.-D. de Lourdes ; j'ai fait des neuvaines ; j'ai bu de l'eau de la Grotte ; je l'ai employée aussi en frictions. Je n'ai plus tant souffert à partir de cette époque ; le mal ne grossissait plus si vite ; le médecin en faisait la réflexion, et il ne m'a pas fait de ponction. Malgré cela, je ne pouvais toujours pas sortir de la chambre, et guère plus du lit. Je désirais beaucoup aller à Notre-Dame de Lourdes ; j'avais une grande confiance ; j'étais persuadée que je reviendrais guérie.

« Lorsque j'ai été conduite à la piscine, j'étais très-souffrante. Lorsque j'en suis sortie, je ne sentais plus ni fatigue ni douleur ; j'avais encore la tumeur, mais plus de rhumatismes articulaires. Je me suis rendue à la Grotte aussi librement que si je n'avais jamais eu de mal. Depuis ce jour, je sors, je vais à la messe, moi qui recevais la sainte Communion dans mon lit, et qui depuis dix ans n'avais pas été à la messe. Combien je suis heureuse, et quelle reconnaissance ne dois-je pas à la Sainte Vierge ! Combien je serais contente si j'avais encore le bonheur de faire ce pèlerinage ; car, je l'espère, la Sainte Vierge achèvera ce qu'elle a si bien commencé, en m'obtenant complète guérison. »

20 octobre 1881.

XVII. — Joséphine MATHIEU, femme Joannès, de Laveline, près Saint-Dié (Vosges), était, aux termes du certificat médical, « atteinte de cataracte presque complète de l'œil droit, et d'affaiblissement notable de la vision de l'œil gauche. » L'œil perdu voyait à peine, la nuit venue, la lueur confuse d'une lampe. Après l'avoir lavé dans l'eau de la piscine, Mme Joannès commença à voir de cet œil les objets qui étaient placés en face. Peu après, il distinguait les objets les uns des autres ; l'amélioration semble progresser de jour en jour, et pour l'œil qui se perdait, il voit aussi bien qu'il a jamais vu. » (Décembre 1881.)

XVIII. — Henriette RETHEL, de Saverne, âgée de 58 ans, habitant Nancy depuis 1857, rue Sainte-Anne, n° 13. « A la suite de plusieurs chutes, je ne marchais plus, depuis quatre ans surtout, que difficilement, lentement, appuyée sur mon parapluie, et avec mille précautions ; car, j'avais peine à garder l'équilibre, et le moindre mouvement m'aurait renversée, ce qui m'est arrivé quelquefois. Monter les escaliers était pour moi chose très-laborieuse ; et lorsque je portais sur moi mon étouffoir, j'étais obligée de faire une halte tous les deux degrés pour déposer *mon fardeau*. Je mettais un quart d'heure pour un trajet de 2 à 3 minutes.

« A l'église, je ne pouvais presque mouvoir ma chaise, et il fallait que les voisins me rendissent ce service. Avec cela, des douleurs assez vives. J'ai demandé à N.-D. de Lourdes, non pas de me délivrer de mes douleurs, que je reçois volontiers de la main de Dieu, mais de m'obtenir de marcher avec facilité, de manière à gagner ma vie avec moins de peine... J'ai été exaucée entièrement après le premier bain que j'ai pris à la piscine ; car depuis, j'ai pu marcher avec facilité. Le soir même, je prenais part à la procession aux flambeaux. A Paris, j'ai fait chaque jour des trajets de plusieurs heures. Depuis mon retour à Nancy, au lieu de me traîner comme auparavant, *je trotte*, je fais sans fatigue de grandes courses, à la grande surprise des habitants du quartier. Il ne me reste plus que mes douleurs, dont je n'ai pas demandé d'être délivrée.

« Ma reconnaissance à N.-D. de Lourdes sera éternelle [1] »

Nancy, 10 novembre 1881 et 2 janvier 1882.

[1] Ce rapport est signé par dix-sept habitants du quartier, hommes et femmes de toutes conditions.

XIX. — Julie ORNY, de Nancy, 27 ans, d'après le certificat du médecin, était atteinte d' « une bronchite des sommets, » avec voix presque continuellement éteinte, appétit très-faible, sommeil perdu.

Plongée trois fois dans la piscine, elle ne constata pas d'abord grande amélioration, quoiqu'elle eût dès lors meilleur appétit et dormît sans tousser comme auparavant. Mais, pleine de confiance en Marie, elle cessa néanmoins tout remède, pour ne plus faire usage que d'eau de la Grotte. Sa foi a été récompensée, car, dix jours à peine après son pèlerinage, elle s'est trouvée toute changée, ne faisant plus qu'un seul sommeil, ne toussant plus une seule fois la nuit, ayant retrouvé un appétit parfait et une voix claire et continue, pouvant vaquer à diverses occupations au dedans et au dehors. Cependant, elle sent qu'il lui reste encore quelque chose dans la poitrine, et pour obtenir sa guérison parfaite, qu'elle espère des prières de beaucoup de saintes âmes qui s'intéressent à elle, elle continue à ne plus boire comme remède que de l'eau de Lourdes.

Nancy, le 11 novembre.

XX. — Mademoiselle Clémence LÉONARD (Moulins-lesMetz) avait fait dresser à Lourdes le procès-verbal « d'une grande amélioration » obtenue dans son état. Elle écrit :

« Atteinte depuis dix ans (certificat médical) « d'une bronchite chronique » qui s'était aggravée beaucoup depuis dixhuit mois, j'avais perdu l'appétit et le sommeil : la marche m'était devenue pénible par suite des oppressions auxquelles j'étais sujette : les quintes de toux, de plusieurs heures chacune, se répétaient souvent. Je dus garder la chambre sans en sortir, du 2 novembre au 18 avril. Le médecin m'avouait qu'il me serait difficile de guérir. Aussitôt mon arrivée à Lourdes, je fus plongée dans la piscine. Je crus alors étouffer. Je suppliai Marie d'avoir pitié de sa pauvre servante et je sortis avec un grand mieux, qui ne m'a plus quitté. Le jour même, ainsi que le lendemain, je suivis la procession sans en être trop fatiguée ; et depuis je continue à pouvoir marcher. J'ai même fait plusieurs courses sans en éprouver une trop grande fatigue. L'appétit surtout, qui depuis si long-temps m'avait abandonnée et m'avait fait perdre tout à fait le goût de la nourriture, m'est complètement revenu ; le sommeil aussi ; les oppressions sont moins fortes. Il n'y a que la toux qui ne veuille pas s'en aller. Mais j'ai la confiance que N.-D. de Lourdes voudra bien achever ce qu'elle a commencé, ou du moins m'accordera les grâces nécessaires pour me sou-mettre à la volonté de Dieu. »

(7 octobre et 20 décembre).

XXI. — Madame LADAIGNE, à Voippy (Lorraine allemande), nous écrit : « Avant d'aller à Lourdes, depuis trois ans, ma petite fille ne pouvait marcher qu'à l'aide d'un bâton ; et, dans les derniers temps, il lui était impossible de faire deux pas autrement. Depuis son retour, elle ne s'est plus servie de son bâton. Elle marche et joue avec ses petites camarades, quoique en boitant, car sa jambe est plus courte que l'autre. »

Voippy, octobre 1881.

XXII. — Emile PIERRON, de Gemaingoutte (Vosges), 13 ans, était affligé depuis l'âge de 4 ans, d'un mal d'yeux (inflammation des paupières), qui le faisait cruellement souf-frir. La sensibilité de ses yeux était si grande que pendant longtemps, de 5 à 8 ans, il fut incapable de supporter la lu-mière du jour ; on ne pouvait le lever qu'au coucher du soleil ; et, depuis l'âge de 8 ans jusqu'au moment du pèleri-nage, il était ordinairement obligé de rester couché jusque vers dix ou onze heures du matin. Outre cela, une déman-geaison très-pénible et des douleurs si grandes qu'elles le réduisaient à se rouler dans l'herbe et sur le plancher ; un écoulement d'humeurs continuel des yeux. Le traitement qu'il suivit pendant quelque temps ne ne lui fit ni bien ni mal. Depuis qu'il s'est lavé avec l'eau de la grotte à Lourdes, son mal a disparu: plus de douleurs, plus d'inflammation, plus d'écoulement d'humeurs, yeux beaux et secs, pouvant supporter la lumière, guérison parfaite, sinon que l'œil droit, le moins malade auparavant, serait porté à pleurer, si l'enfant n'avait pas la précaution de se laver fréquemment avec de l'eau de la fontaine miraculeuse.

Gemaingoutte, décembre 1881.

XXIII. — Madame RICHARDOT, de Brechaincourt (Vosges), annonce en ces termes l'amélioration survenue à son enfant, atteinte de coxalgie et « double luxation congénitale des articulations coxe-fémorales : »

« Ma petite Marie marche beaucoup mieux; ses membres prennent des forces surprenantes. S'il n'y a pas guérison complète pour *la boiterie,* nous trouvons beaucoup de changements, et nous espérons guérison complète dans un prochain pèlerinage à Lourdes. »

Deux autres enfants ont obtenu des grâces semblables.

XXIV. — Éléonore HOLWECK, de Mortagne (Vosges), « ankylosée de la presque généralité des membres supérieurs et inférieurs, par suite d'un rhumatisme articulaire et goutteux, datant de onze ans, » ainsi que porte le certificat de son médecin, n'a pas été une des moins favorisées. « Depuis mon premier pèlerinage, écrit-elle, je pouvais me passer de ma béquille à la maison, et même aller un peu plus loin; mais je n'avais pas pu la quitter tout-à-fait. Cette année, j'ai obtenu plus de forces que je n'en avais. La dernière fois que je fus à la piscine, je me sentis tout d'un coup plus forte, et puis plus aucune fatigue. Je laissai ma béquille pour gage à la Sainte Vierge. Au retour, je pus marcher seule et monter sans aide tous les escaliers. Depuis mon retour, j'ai pu faire seule aussi un trajet de vingt minutes et rester ensuite longtemps debout sur mes jambes, au grand étonnement de tout le monde; car, il y avait onze ans que je n'avais pas fait ce trajet à pied. Le coude du bras gauche qui ne pouvait s'allonger, a repris du mouvement;

quant aux doigts, je les remue aussi plus facilement. Les hommes, qui pour la plupart ne sont guère religieux, disaient que c'était déjà un bien grand miracle de me voir ainsi, et tout le monde est d'avis que je dois retourner encore à Notre-Dame de Lourdes; mais, je n'ai plus besoin d'être excitée à la dévotion envers cette bonne Mère. J'avais promis mille chapelets. Je commence un second mille. »

Ces détails sont confirmés par Monsieur le curé de Mortagne.

Novembre 1881.

GRACES SPIRITUELLES

Il est impossible de raconter les fruits d'un pèlerinage, sans dire un mot des grâces spirituelles qui en sont la meilleure partie. Mais il suffira sur ce sujet, des quelques détails relevés par la Secrétaire du Comité des Dames du Salut, à Saint-Dié, dans l'intéressant rapport que nous sommes heureux de pouvoir ajouter à notre récit.

COMITÉ DE L'ŒUVRE DE N.-D. DE SALUT
A SAINT-DIÉ

RÉUNION DU 29 NOVEMBRE 1881

RAPPORT SUR LE PÈLERINAGE DE LOURDES

Les membres du Comité de Notre-Dame de Salut n'ont point oublié les nombreuses et longues séances qui, pendant près de deux mois, les réunirent si souvent. Leur mémoire et leur cœur ont dû garder vif souvenir de tant de pieuses sollicitations, de tant d'instances, faites avec une foi et une confiance parfois bien touchantes. Mission délicate que d'avoir en telle circonstance à prononcer sur l'admission d'un malade! Comme intérieurement nous priions la Vierge Immaculée invoquée à chaque réunion, afin qu'elle fit comprendre sa volonté entre les lignes des renseignements dont l'exactitude nous est alors si nécessaire !

Comptant sur la Providence, enhardi par les grandes bénédictions du dernier pèlerinage, le Conseil s'était promis d'élargir les rangs, mais il ne pouvait prévoir le nombre des demandes que ses séances ne suffisaient plus à lire.

Nous nous souvenons qu'un jour, comptes en main et la raison parlant la première, la plume qui notait les admissions s'arrêta. Mais pouvait-elle s'arrêter longtemps?... Il semblait vraiment que les situations les plus désespérées, les plus touchantes, eussent été choisies pour être présentées en dernier, et après avoir hésité devant le chiffre de 80 malades, le Comité se trouva en avoir admis 126, outre 20 autres qu'envoyaient des bienfaiteurs particuliers et dont il se chargeait également pour les frais de route.

Faut-il avouer ce que firent même les secrétaires, qui, toutes listes closes, crurent encore, à la veille du départ, devoir accepter de la Providence la pauvre mourante qu'elle semblait leur adresser? Cette pieuse témérité ne leur sera point reprochée, N.-D. l'a bénie, et la mourante est une de celles auxquelles pleine santé a été rendue.

Le tout petit nombre parmi les membres du Comité, ayant eu le bonheur de suivre jusqu'à Lourdes ces chers malades, et d'être là, comme en route, témoin de leurs sentiments et des grâces merveilleuses qui vinrent récompenser leur foi, il nous semble nécessaire d'apporter aux autres un faible écho de ces jours de Paradis, et quelques détails qui les mettront à même de mieux apprécier à quel point leur mission les rend ainsi, près de plusieurs, les vrais instruments de la miséricorde divine. La *Semaine religieuse* leur a fait partager les émotions des pèlerins, leur a dépeint cette vie toute de prière, de joie et de dévouement; les a initiés à l'organisation de leurs malades. En deux mots, nous leur mettrons sous les yeux les chiffres bien éloquents qui ont couvert toute la dépense : 9000 et quelques francs, dus à l'inépuisable charité des âmes pieuses, et parmi lesquels Metz a sa large part, et 2000 francs remis par le Conseil général, qui tient à témoigner en toute circonstance, à Saint-Dié, une prédilection bien paternelle.

Mais comment aborder un champ plus vaste, entrer dans l'intime de toutes ces âmes, y lire avec les touchants accents de leur reconnaissance, toutes les merveilles spirituelles que Dieu y a opérées...? La tâche est difficile, il faudrait trop citer, mais la lecture de ces pages est si consolante, si édifiante, elle dédommage si parfaitement des petites difficultés du pèlerinage que nous ne pouvons renoncer au désir de les feuilleter ici.

Nous ne parlerons pas des dix grandes guérisons obtenues; sous peu, nous les lirons, racontées par celles que N.-D. de Lourdes a si visiblement touchées de sa main : nous ne citerons même pas ces améliorations plus ou moins considérables, — 60 environ — dont la nouvelle nous arrive encore, et qui sont déjà pour tant de malades une grâce singulière qu'ils nous signalent avec toute l'effusion du bonheur et de la reconnaissance; nous nous attacherons plutôt à faire ressortir les merveilles de résignation, de confiance, de foi, de joie même qui furent prodiguées au cœur de ceux qui sont revenus avec leur douleur, mais ayant appris à connaître et à goûter la force et la suavité des consolations que peut ainsi donner le surnaturel senti et entrevu.

N'a-t-il pas compris une des mystérieuses raisons de l'épreuve, le jeune père de famille qui revient de Lourdes, pour la seconde fois, heureux bien que toujours entièrement paralysé? Il se console de n'avoir point été guéri, dans la pensée de remplir la volonté divine et de mieux préparer ainsi son salut. La Sainte Vierge a jugé que la maladie lui était meilleure que la santé, il lui suffit de savoir sa prière entendue et Marie a daigné lui en donner une preuve sensible : une petite plaie survenue a la jambe et que des soins assidus ne pouvaient guérir depuis quelques mois fut froissée au sortir de la piscine et saigna même sur les marches, mais lorsque le malade, rentré à son asile, voulut la laisser panser, toute trace en avait disparu.

Un jeune homme qui avait été fort recommandé pour ses sentiments de foi et de piété, nous écrit ces lignes : « S'il est vrai que je ne suis pas guéri du corps, grâce à Dieu et à Notre-Dame, je le suis de l'âme, ayant, pour résister aux tentations, une force que j'étais loin d'avoir auparavant, et je vous assure que je suis encore plus content de cela que je ne le serais de la guérison de ma jambe. Seulement dans le monde, comme je ne suis pas guéri, ils croient que je n'en ai pas vu qui aient reçu les faveurs de la Sainte Vierge. Ah! s'ils savaient le coup d'œil de ces lieux bénis, ils ne seraient plus incrédules et ils ressentiraient ces impressions qui portent vraiment à croire que la Sainte Vierge y a laissé quelque chose de son bonheur du Ciel. Ce n'est pas de dire ce qu'on éprouve de consolations surnaturelles dans cette grotte privilégiée... J'en ressens encore quand j'y pense ! »

Ce n'est plus de la résignation, c'est de la vraie joie que nous sentons dans les naïves et intimes expressions d'une toute jeune fille, dont la lettre nous rend admirablement ce bonheur étrange et tout surnaturel, qui remplit, et non pour un moment, mais des mois, et peut-être pour toujours, l'âme de ceux que le monde excuserait d'éprouver quelque peu d'envie et de découragement. « Ce fut au Sacré-Cœur d'abord que je m'adressai pour obtenir ma guérison, ou, s'il ne le jugeait pas à propos, la grâce de me soumettre à sa sainte volonté, et je partis pour Lourdes avec plus de foi et de courage encore ; il me semblait que la Sainte Vierge m'y attendait pour me guérir, je le désirais si vivement ! Arrivée à la Grotte, je fis une prière inspirée par le désir d'un prodige en ma faveur ; cette prière, je ne l'oublierai jamais, elle était si pressante, si confiante ! Bientôt après, je fus plongée dans la piscine. Ce que je ressentis alors à la pensée de ma guérison ne peut se décrire, l'espoir me ravissait. En sortant et me retrouvant dans le même état d'infirmité, je revins à la réalité, mais sans aucun découragement. Quand il me fallut voir les miracles opérés sous mes yeux, reprendre mes deux béquilles avec la même gêne qu'auparavant, au lieu de verser des larmes de regret, je me sentis émue, et pleurai de bonheur. Je remerciai sincèrement la Vierge Immaculée des guérisons qu'Elle venait d'opérer et je fus heureuse de lui offrir le sacrifice de la mienne. Il me suffit de savoir que Dieu est bon pour que je m'abandonne à son adorable volonté. »

Nous avons admiré maintes fois les sentiments de parfaite charité qui règnent entre nos malades, mais celui qui les porte à oublier souvent leurs douleurs pour s'occuper de celles de leurs compagnons plus affligés, pour se réjouir ensuite des grâces qui leur sont accordées, est particulièrement touchant.

Cette impression est si réelle, si profonde, que nous la retrouvons plus d'une fois dans les lettres de ceux qui n'ont à nous parler que de leur résignation. « Quand on a eu le bonheur d'aller à Lourdes, écrit une pauvre mère de quatre enfants, bien affligée du côté de la vue, et de pouvoir constater toutes les misères que la foi a amenées aux pieds de Marie, on est forcé d'oublier son malheur pour prendre en pitié celui de son prochain. Mon seul et unique désir est de revoir ces lieux bénis, la foi et l'espérance sont en moi plus ardentes que jamais ; quand on n'a pas vu, on ne s'imagine pas la grandeur de ce saint lieu et la piété qu'il inspire ; avant mon départ, je redoutais une déception, mais, au contraire, je me sens résignée et ces trois jours passés à Lourdes ont laissé dans mon cœur un souvenir de reconnaissance, pour mes bienfaiteurs et pour Notre-Dame, qui ne me quittera jamais. »

Ici, c'est un très-jeune homme qui parle : « Je continue toujours à prier, non pour obtenir ma guérison, mais pour demander la grâce d'une bonne mort. Avant mon pèlerinage, je me croyais malheureux, mais quand j'ai vu tous les malades que l'on déposait aux pieds de N.-D. de Lourdes, les uns près de rendre le dernier soupir, les autres ayant des douleurs insupportables, j'ai oublié mes peines pour penser à eux, et j'ai demandé à la Sainte Vierge de les satisfaire avant tous les autres, car il est bon que les plus pressants soient servis les premiers. Je n'ai pas obtenu ma guérison, le bon Dieu veut que je fasse pénitence, alors je me soumets très-volontiers, et je suis content en pensant que je fais sa sainte volonté ; je souhaite que tous les malades qui n'ont pas obtenu leur guérison, soient aussi résignés et aussi contents que moi. »

Maintenant nous sommes en présence de l'oubli de soi-même poussé, sous l'inspiration du Sacré-Cœur, jusqu'à la parfaite charité ; nous ne citons qu'un exemple, mais il ne faudrait pas croire que le cas fût si rare à Lourdes.

C'est une pauvre jeune fille bien désireuse de recouvrer l'usage de ses jambes, et qui depuis Paray, se sent appelée à offrir pour les autres le sacrifice de sa propre guérison. C'est en vain qu'à Lourdes elle prie et supplie la Sainte Vierge; la voix qui lui parle de renoncement, ne cesse de se faire entendre, et bientôt elle lui obéit de tout son cœur.

« La plus grande grâce que la Sainte Vierge m'a accordée, écrit une jeune femme, c'est une consolation inexprimable, laquelle me donne une force surnaturelle pour supporter mes peines, un contentement de souffrir pour Dieu, que je ne connaissais pas avant notre pèlerinage. » De semblables sentiments exprimés par une malade venue à Lourdes dans l'espoir d'y trouver sa guérison, ne parlent-ils pas plus haut que les plus éclatants prodiges; l'imagination, l'entraînement, l'enthousiasme de quelques heures, peuvent-ils ainsi changer les cœurs, et ces miracles intimes de grâce ne deviennent-ils pas plus saisissants encore lorsque nous les retrouvons exprimés par ceux que les choses extérieures ne peuvent qu'imparfaitement frapper ? « Notre pauvre aveugle est revenue sans être guérie, nous écrit un prêtre, mais aussi sans être le moins du monde découragée. Cette pauvre créature, qui n'a rien pu voir, a cependant ressenti comme des frissons d'enthousiasme et de saint respect lors de sa présence dans la Grotte, lors des prières si multipliées, si ferventes, et tant de fois interrompues par les explosions de joie, les *Magnificat*, que suscitent les guérisons miraculeuses. Elle se croyait assurée d'obtenir une guérison qui eût été, certes, un miracle incontestable ; elle est depuis tout aussi résignée et encore plus confiante, et n'a pas de plus vif désir que de pouvoir être admise une seconde fois au pèlerinage. » — « Notre malade, dit un autre, a su vivement apprécier son bonheur. Elle reste aveugle sans doute, mais quel calme, quelle résignation courageuse, quelle joie immense à la pensée seule de renouveler ce cher pèlerinage ! Elle a reçu bien des grâces, plus qu'on ne le croirait ; on le remarque tous les jours. »

Nous avons vu un jeune homme soulagé de grandes douleurs, mais sans avoir recouvré la vue, et dont le visage s'illumine de bonheur au seul nom de Lourdes. Enfin, nous devons mentionner les deux frères aveugles qui gardent un souvenir impérissable de leur pèlerinage. « Il leur reste, nous écrit M. le curé, comme une source de consolation et de joie, des impressions suivantes : La possibilité d'être restés des journées entières à prier à la Grotte ou à la Basilique, non-seulement sans éprouver de fatigue, mais en goûtant un doux bonheur ; l'admiration provoquée en eux par la charité, le dévouement des membres du Pèlerinage, qui leur a fait comprendre l'amour chrétien, et par la patience angélique des malades, confiants et soumis à la volonté divine. Ils ont éprouvé à ce contact une nouvelle force et une nouvelle confiance en Dieu, et c'est avec bonheur qu'ils continuent à prier pour leurs bienfaiteurs. »

Il nous est bien consolant de parler ici du profond sentiment de reconnaissance que nous retrouvons partout exprimé par nos malades, et dont nous avons éprouvé plus d'une fois en route la touchante sincérité. Mais multiplier les citations serait à présent nous répéter, car de toutes parts, c'est un concert d'actions de grâces qui s'élève, concert dans lequel chaque lettre nous apporte une note intime de consolation, de bonheur, de foi et d'ardent désir d'être admis à goûter encore semblables grâces et bénédictions.

Mais ces grâces, ces bénédictions, ceux qui les ont reçues, ne les partagent-ils point au retour d'une certaine manière avec ceux qui les entourent ? Ne savent-ils pas leur communiquer avec une tendre dévotion à Marie Immaculée, quelque chose des joies surnaturelles apprises dans la prière ? L'esprit de foi rapporté par les heureux pèlerins de Lourdes, ne se répand-il pas comme une atmosphère céleste dans les paroisses mêmes ? La guérison des uns, la confiante résignation des autres, le bonheur de tous n'y demeurent-ils pas comme une prédication vivante et bien éloquente, qui nous est, du reste, attestée par plus d'un Pasteur ? « Je lis ces dimanches la relation du Pèlerinage, écrivait l'un d'eux, on l'écoute avec un religieux silence. La confiance dans notre bonne Mère augmente dans la paroisse, et déjà une réelle amélioration se fait sentir parmi nous. » Dans plus d'une paroisse la statue de Notre-Dame de Lourdes a pris place ; des cierges, muettes prières d'amour et de confiance, brûlent souvent à ses pieds, des messes sont demandées en son honneur.

Mesdames, ne comprenons-nous pas ici comment l'œuvre de N.-D. de Salut, œuvre toute de prière et de régénération morale, s'est trouvée providentiellement et par la force même des choses, partout à la tête dans l'œuvre du Pèlerinage ? Dans cette œuvre, N.-D. de Lourdes nous a spécialement bénis, ne l'oublions pas ; nous ne pourrions désormais déserter sa cause ; et quand l'heure en sonnera de nouveau, nous travaillerons avec zèle pour la gloire de Celle qui désire la conversion des pécheurs et a demandé que les foules vinssent prier pour eux au lieu même désigné par Elle.

Nous devons l'ajouter en terminant, bien des difficultés matérielles nous sont du reste aplanies, car notre œuvre est comprise et partout elle rencontre les sympathies de tous. Aux derniers jours, les offrandes se sont multipliées entre nos mains ; sur une simple proposition de M. le vicaire général, notre Directeur, 70 bouteilles de vin pour les malades, ont été réunies ici une heure avant le départ, tandis qu'à Metz, des mains également charitables remettaient à la gare, à cette seconde partie de notre train, près de 20 bouteilles, plus des viandes et des conserves. A Mattaincourt, plusieurs voitures se trouvèrent mises au service des malades et des pèlerins, pour faire sous une pluie battante le trajet de la gare à l'église. A Paray, toutes les communautés religieuses, plusieurs familles de la ville, donnèrent l'hospitalité la plus dévouée à nos nombreux malades. Dans une petite ville du Midi, où nous n'avions malheureusement qu'un court arrêt, une famille vint les visiter avec le plus affectueux intérêt, nous offrant ce qui pouvait leur être alors utile ou agréable.

On sait les dévouements qui se multiplient durant le voyage sans qu'il soit besoin d'y faire aucun appel et ceux qui nous attendent à Lourdes; mais il faut avoir vu, pour la comprendre, l'hospitalité qui fut offerte, durant deux jours à nos malades, par le couvent des Dames Augustines de la rue Oudinot et par l'Ecole Rocroy, où M. l'abbé Mercier, un compatriote, se fait, avec tous les membres de l'établissement, notre Providence visible.

La profonde reconnaissance des malades est acquise à tous ceux dont nous venons de parler ; qu'ils trouvent encore ici l'expression de celle du Comité Diocésain de N.-D. de Salut à Saint-Dié.

La Secrétaire du Comité.

SOUSCRIPTION POUR LES MALADES

TOTAL DES RECETTES au 2 septembre...........		9.235 70
Reçu depuis: Mlle Job d'Avancy, de Metz.........	25 » »	
Mlle Augustine Colin, de Chaouilley.............	5 » »	
Quelques personnes de Remiremont pour une malade de la paroisse........................	30 » »	
Mlle Lucie Breton, de La Chapelle..............	5 » »	
M. Rollin, chanoine de la Collégiale de Bon Secours, Nancy................................	10 » »	
Mlle Félicie Gaillard, de Bruyères..............	5 » »	
M. l'abbé Finot, Metz.........................	5 » »	
M. l'abbé Charbonnier, professeur à la Malgrange, Nancy, (2e versement)......................	3 » »	
M. l'abbé Humbrecht, vicaire à Molsheim........	10 » »	
M. le curé du Val-d'Ajol.....................	10 » »	
La paroisse d'Aydoilles......................	3 » »	
Divers anonymes de Metz.....................	23 10	
Mme Arnould, id.....................	10 » »	
Mme Revel, id.....................	3 75	
M. Camus, de Fonteny, Metz...................	14 » »	
TOTAL DES RECETTES après le 2 septembre.	161 85	161 85
TOTAL GÉNÉRAL........................		9.397 55

Pour le Comité de Direction:

L'ABBÉ I. NOEL.

AVIS IMPORTANT

Relatif aux Guérisons extraordinaires et au culte de N.-D. de Lourdes.

Les personnes qui connaissent des guérisons extraordinaires, attribuées à l'intercession de Notre-Dame de Lourdes, sont priées d'en envoyer les relations aux Missionnaires gardiens de la Grotte.

Après avoir été l'objet d'un sérieux examen, ces guérisons pourront, du consentement des personnes intéressées, être publiées dans les *Annales de Notre-Dame de Lourdes*, pour la plus grande gloire de Dieu et de sa Mère, et pour l'édification des âmes.

Ces récits de guérisons doivent faire connaître le mieux possible:

1° La personne guérie.

Dire ses nom et prénoms, son âge, le lieu de sa naissance, ses domiciles divers et son domicile actuel avec l'*adresse exacte et complète*.

Indiquer son caractère, sa conduite, sa piété, tout ce qui peut édifier en elle.

Faire connaitre son tempérament et sa santé dans le passé.

2° La maladie.

Dire le nom de la maladie, sa nature, ses caractères; en faire l'histoire succinte.

Donner, s'il est possible, les certificats écrits des médecins sur la maladie, afin de la bien caractériser, ou du moins rapporter leurs paroles, leurs opinions sur la gravité du mal, les remèdes employés, leur efficacité ou leur impuissance.

3° La guérison.

Raconter en détail les circonstances diverses de la guérison.

Faire connaitre les moyens spirituels employés pour l'obtenir, prières, messes, neuvaines, eau de la Grotte; les dispositions de la personne malade, sa confiance ou sa crainte, ce qu'elle a éprouvé au moment de la guérison.

Donner, s'il est possible, les avis écrits des médecins sur la guérison, ou du moins leurs paroles, et si cela se peut, quelques témoignages du curé, du confesseur ou de quelque personne grave.

4° Les suites.

Dire l'état actuel de santé de la personne guérie.

Signaler les effets que la grâce obtenue a produits sur l'âme de la personne privilégiée, sur sa famille, la paroisse, le public.

N. B. — *Il est bien entendu que, si l'on ne peut donner tous les renseignements demandés ci-dessus, on envoie néanmoins ceux qu'on a pu recueillir.*

On est également prié de faire connaitre aux Missionnaires les grâces spirituelles obtenues, et généralement tous les faits relatifs à l'histoire ou au culte de Notre-Dame de Lourdes.

Culte de Notre-Dame de Lourdes

La dévotion à la Vierge Immaculée, sous le nom de Notre-Dame de Lourdes, est maintenant répandue dans toute l'Eglise. Nous prions ses amis dévoués de nous faire connaitre, avec le plus de détails possible, tout ce qu'ils pourront connaitre relativement à cette dévotion dans leur pays,

Il sera édifiant de savoir qu'elles sont les prières, les pratiques de dévotion en usage, les confréries établies, les cérémonies et les fêtes célébrées en son honneur; les statues, les chapelles, les grottes érigées, les pèlerinages qui s'y rendent; les livres et journaux publiés; les guérisons, les conversions, les grâces diverses attribuées à son intercession.

Adresse: *Au R. P. Supérieur des Missionnaires de l'Immaculée-Conception, à Notre-Dame de Lourdes (Hautes-Pyrénées).*

NOTA. — **Cette brochure est mise en vente au profit des malades pauvres du prochain pèlerinage à Lourdes. Voir le prix au dos de la couverture.**

EN VENTE

AU PROFIT

DES MALADES PAUVRES

DU

PROCHAIN PÈLERINAGE

A N.-D. DE LOURDES

1º **Principales Guérisons du Pèlerinage** lorrain en 1880, brochure in-8º, de 80 pages, *franco*........... 0 70

2º **Principales Guérisons du Pèlerinage** lorrain en 1881, brochure in-8º, de 72 pages, *franco*..... 0 70

3º **Compte-Rendu du Pèlerinage** lorrain de 1881 et **Relation des principales Guérisons**, les deux brochures réunies, 128 pages, *franco*......... 1 10

Adresser les demandes à M. l'Abbé NOEL, à Saint-Dié (Vosges).

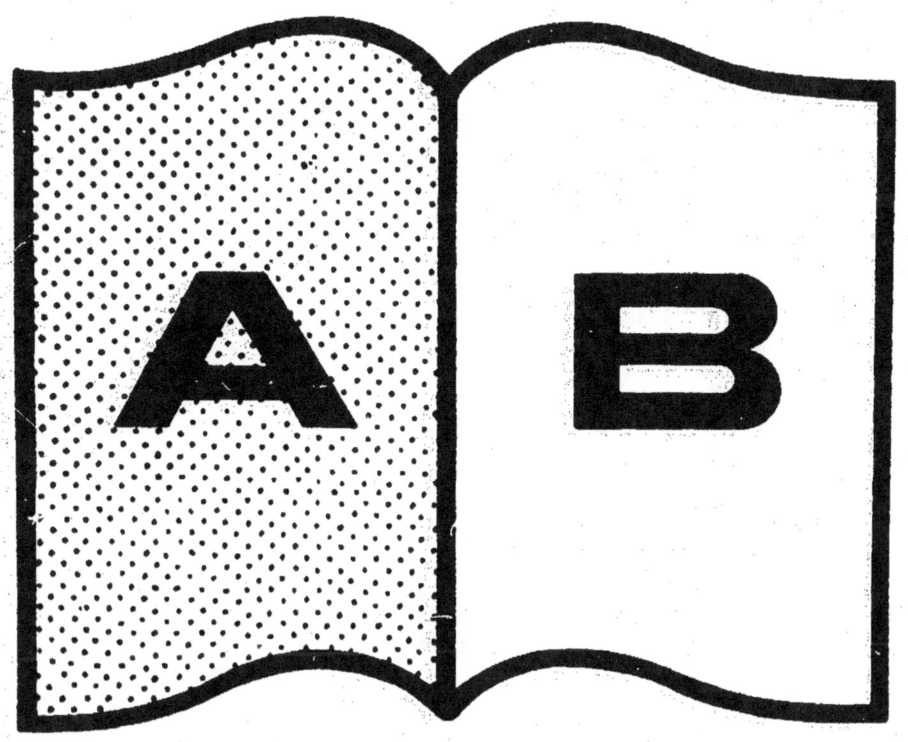

Contraste insuffisant

NF Z 43-120-14

www.ingramcontent.com/pod-product-compliance
Lightning Source LLC
Chambersburg PA
CBHW051238030726
47595CB00003B/975